U0001817

習慣致勝

日本No.1習慣養成大師傳授，
職場前5%人才都在做的96件事

仕事ができる人になる思考習慣

No.1習慣養成大師 **吉井雅之**——著

林美琪——譯

前言
職場勝利組
都是這樣養成習慣

感謝你拿起這本書。作為管理顧問和習慣養成顧問，我已經在企業顧問、人才育成和教育領域深耕了三十年，我是吉井雅之。

首先，我要大聲地告訴大家，其實世界上並不存在所謂的「能幹的人」和「不能幹的人」。

今日，社會情勢不斷變化，常常超出我們的掌控，而且隨著時代變遷，人們的價值觀也越來越多樣化。因此，如果過去我們根據所謂的正確答案而自主解決問題，別人會認為我們很優秀，稱讚我們是「能幹的人」，但現在卻有可能遭來負評：「這麼做已經落伍了吧」、「已經不符合時代了吧」。換言之，處在今日社會，無論面對各種場合，我們都必須發揮身為一名商務人士的主體性。

各位都能注意到「當下狀況」，並且清楚掌握嗎？如果用電腦來比喻人類的大腦，據說，大腦的能力優越到超過十萬部電腦。不過，人人能夠發揮的能力卻大不同。在公司裡，儘管每個人使用相同的名片，接受相同的培訓，結果卻大相逕庭，你不覺得奇怪嗎？有些人能夠充分發揮所長，實現夢想和願望；有些人儘管拼死拼活，卻看不出半點效果，成功渺茫；還有一些人很想努力，卻出於某些因素無法付諸實踐，結果埋沒了自己得來不易的才華。

事實上，**所謂「能幹的人」、「不能幹的人」，都是旁人看到結果後，憑感覺下的判斷罷了**。這種差異不是大腦構造的差異，即

非電腦硬體的差異，而是**你的大腦（電腦）執行的「軟體」出現差異**。

「能幹的人」是因為大腦中安裝了「可獲得成功的習慣軟體」和「可成為能幹的人的習慣軟體」，才變得很能幹。另一方面，普通人的大腦中安裝了「無法成功的習慣軟體」和「變成不能幹的人的習慣軟體」，因此再怎麼努力也只會是不能幹的人。大腦（電腦）硬體部分的零件和設計，人人皆同，關鍵在於軟體。

我們的思考習慣、價值觀和生活方式等，都屬於軟體的範疇。即使硬體相同，**只要腦中安裝不一樣的軟體，相同容量的機器也會擁有完全不一樣的能力，變成一顆看似相同其實更為強大的大腦**。

一樣米養百樣人，沒有完全相同的人生。有些人充滿工作熱忱和幹勁，可望成為改變國家未來、世界未來的成功者，有些人則堅守自己的節奏，穩健踏實地累積成就。但也有些人毫無希望，只是每天完成被分配到的工作，還有些人正在將自己的生活推向毀滅的方向。重點在於，每個人的硬體都一樣，但大腦中都安裝了與眾不同的「習慣軟體」。純粹只是習慣軟體的差異罷了。

本書聚焦在「思考習慣」上，不僅介紹如何成為「能幹的人」，還介紹如何「讓人生更豐富」。過去的言行、思考等一一累積下來，成就了現在的自己。**習慣改變，人生自然改變**。各位不妨稍微改變一下習慣，成就更美好的夢想、更有希望的未來、更理想的自己吧。

希望本書能幫助各位，將為成功而設計的習慣軟體「成為能幹的人的思考習慣」，安裝進你的大腦中。

習慣養成顧問　吉井雅之

CONTENTS

第4章｜比優秀更重要的，是培養「持續成長」心態

第5章 〔增值力UP!〕學高績效人才提升自我

第6章 〔人際力UP!〕營造相處不累的職場人際

第7章 〔領導力UP！〕會做人就會帶出好團隊

第8章｜5 個關鍵，讓自己成為「職場搶手貨」

習慣，
決定你能成為怎樣的人

現在我們每個人的狀態，

都是過去思考什麼、反覆做了什麼所累積下來的「結果」。

因此，要成為「能幹的人」，

就必須注意自己的習慣。

養成良好的習慣，才能好好解決各種煩惱和問題。

01 成就理想人生，
只需2個習慣

▶「習慣」遠比「能力」更重要

我在演講和研討會上，經常對參加者說：「人沒有能力之差，有的是習慣之差。」**現在我們每個人的狀態，都是過去思考什麼、反覆做了什麼所累積下來的「結果」**。換句話說，「能力」並非與生俱有，而是事後獲得的，更確切地說，是不知不覺間獲得的。

確實，「智商」或「運動神經」或許屬於天賦，但在日常的學習活動和工作活動上，日復一日的行為（習慣）所帶來的影響，遠比先天因素更加重要。我的想像力訓練老師西田文郎大師曾經說過：**「成功不是靠『天賦』，而是靠『習慣』。」**他還提到，**在眾多習慣中，最重要的是「積極正面的思考」與「比別人多一點的努力」**。

▶ 持續做，就能產生「複利效應」

身為一名習慣養成顧問，我指導過很多人，對西田大師這句話的「正確性」，我只有滿滿的驚訝。我確實見證許多人透過日常生活中的小小積累，在一年、三年、五年後發生巨大變化，不斷地自

我實現。

其中有人設定「每天要打十通約見電話」，連續一年勤奮不懈的結果，業績高居全銷售部門冠軍。還有人設定「用心寫電子郵件給有緣相遇的人」，持之以恆的結果，成為全公司內客戶回頭率和推薦率的第一名。

現在的每個習慣，都在形塑未來

工作上，當出現否定情緒，例如「我做不到」、「我不想做這份工作」時，請先切換到「積極正面的思考」，想著「我應該做得到」、「這個工作看起來很有趣」，然後持續「多一點點的努力」。光是培養出這兩個習慣，就會打開一條出路。

你可能會想：「說是這麼說，那該怎麼做？」別擔心。本書將會簡單明瞭地說明這些方法。

你目前的狀態，是過去習慣塑造出來的。意思是說，**接下來每一個行動的累積、每一個習慣的運用，必將改變你的未來。**

POINT

「積極正面的思考」與「多一點點的努力」。
只要培養這兩個習慣，人生就會改變。

02 目標越具體，越能跳脫「不得不做」的心態

將目標「數據化」，更容易達成

經常有人問我：「決定要做的事情，怎麼樣才能持之以恆？」如果你也有類似的疑問，不妨問問自己：「如果我培養出一個能夠持之以恆的習慣，我會得到什麼效果？」然後，試著具體想像這個「自我提問」，並且做出回答。

例如，假設你已經養成每天利用通勤時間讀書 30 分鐘的習慣，你會獲得什麼樣的效果呢？

首先，你可以累積 30 分鐘×240 天＝7200 分鐘（120 小時）的閱讀時間。如果你連假日也保持同樣的習慣，那麼一年下來，你將完成 30 分鐘×365 天＝10950 分鐘（182.5 小時）的閱讀時間。如果你將這些時間專注於工作上的「某一個領域」，你必然會獲得相當豐富的專業知識。

對於「持之以恆」，時間久了，我們往往會陷入「不得不做」的心態中。然而，正如上述例子，當你能夠**具體想像「持之以恆帶來的效果」，並用數字顯示出來**，是不是會有「那就試試看吧！」的感覺呢？

以數字顯示「可獲得的效果」

養成習慣：每天搭電車通勤時，上下班各讀書 15 分鐘，一共 30 分鐘。

一年可以讀書 30 分鐘×240 天＝ 120 小時。

讀書習慣沒必要「整本書從頭到尾全部讀完」，而是「挑選對工作有幫助的部分來讀」，就能提高吸收知識的速度與密度。

從小事情開始，「做」就對了

持之以恆的習慣，未必要直接與工作相關，讀書也可以。

例如，每天早上做伸展操或慢跑等運動習慣，可以活化身體和大腦，提高專注力，最重要的是，每天早上的運動習慣有助於維持「健康」和「體力」，讓工作更加得心應手。

不必想得太難。**只要決定去做一些對你有用的事情，然後持之以恆，你就能確實打磨出商務人士所應具備的能力。**

POINT 具體想像出習慣帶給你的效果，並以數字顯示。

03 成功僅是：持續做到別人做不到的程度

養成習慣的盡頭是科學

「工作不順利」、「減肥沒成效」等等，人們總有各種煩惱。但只要培養一些習慣，就能改善這些情況，因為只要具備培養習慣的能力，就能應付任何煩惱和問題。 換句話說，「持之以恆」這件事非常有價值。

請先決定去「做」。做了以後，你會面對自己的各種情緒。當你能夠做某件事做到習慣成自然，就再挑戰下一個習慣。什麼事都可以，重點在於隨時展開新的行動。

失敗也無妨。如果勉強繼續做那些無法做到的事情，你會感到「不能不做」而痛苦。如果堅持下去很痛苦，那就乾脆停下來去做別的事。然後，一旦決定去「做」，就努力持之以恆，**將別人做得到的事，持續做到別人都做不到的程度。**

只要抱著勤奮不懈的意志，不知不覺中，心情會平靜下來，並且湧現「只要去做，我就做得到」的自信，那麼，持之以恆就會變得很有趣，因為人類的大腦就是這樣設計的。有關人類「大腦的運作方式」，我將在下一章說明。

小事做到最好，就成了大事

阪急東寶集團的創始人小林一三有句名言：「如果上司命令你去管理鞋子，你就要成為日本最棒的管鞋人，那麼，自然沒有人會把你當成一個普通的管鞋人。」

如果你現在覺得「我都沒得到別人的重視」，也請你務必全力以赴去做能做的事情，千萬不要自暴自棄。

身在職場，自然會有「想完成重要任務」的念頭。如果你有理論支持或創意，大可去挑戰重大任務。

不過，要做出重大表現、完成重大任務，除了理論和創意外，還需要信任、人脈，以及經驗等等。如果你還年輕，還是個菜鳥，相較於追求一鳴驚人，更快的途徑可能是——完成小目標，積累信任和經驗。

人生漫漫，很少有「今天做了什麼，明天馬上就有結果」的好事，工作也一樣。基本上，工作不是靠一個想法或一件事就能翻轉局面，而是透過日常表現的日積月累，來建立信任和成績，久而久之，自然能被委以「重責大任」。

POINT　將別人做得到的事，持續做到別人都做不到的程度，這點極為重要。

04 思考 10000 次，不如行動 1 次

邊做邊想，好過紙上談兵

「實力」建立在「執行力」之上。

身為習慣養成顧問，多年來我與不少人接觸，發現「會進步的人」和「不會進步的人」之間，最大的差異就是「執行力」。

每個人都知道「應該去做」，卻不是每個人都真的會付諸行動。而且，能夠「立即行動」的人只占少數。這少數人會比其他人更快成長、進步。

上司或前輩的指示及交代的任務、下一個工作的準備事項、不擅長但優先順序很前面的工作，都讓人不禁想要往後拖延。如果一再拖延，「不想做」的負面情緒會逐漸高漲，變得更加討厭工作。

這種時候，**請別想太多，趕快培養「立即行動」的習慣吧，而且要「堅持到底」、「做到會做為止」**。雖然「三思而後行」的觀點也沒錯，但僅憑短短二十年、三十年的人生經驗，能夠理解的事情實在有限。

不採取行動，滿腦子擔心：「如果發生這種情況應該怎麼辦？」「如果變成那種情況應該怎麼處理？」只會浪費時間，最終一事無成。你大可**一邊行動一邊思考**。

生活和工作都需要不斷積累「執行力」

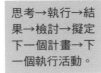

就算學了，如果不行動，依然得不到「結果」和「經驗」。

只是一味地學習。

思考→執行→結果→檢討→擬定下一個計畫→下一個執行活動。

先付諸行動，再檢視行動的結果，自然會看清楚「自己的課題」、「必要的準備事項」。

「想到就做」，才能不斷累積經驗

　　工作也是如此。從「想到（或是獲得知識）」→「執行」→「得出某種結果」→「檢討」→「擬定下一個計畫」→「再次立即執行」的循環中，自然會發現「準備不足之處」或「自己所缺乏的要素」。

　　生活和工作都需要不斷積累「執行力」。一有「想法」和「知識」就立即「執行」，你就能不斷累積「經驗值」。

POINT 如果光是思考而不採取行動，那就什麼都做不了。你應該先採取行動，邊做邊思考。

05 只有自己可以超越自己

比昨天更進步一點就夠了

讓學習和實踐成為每天的習慣吧。日積月累。正是這種一點一滴的累積在塑造你自己。不需要拿自己與別人比較。**只要今天的你比昨天的你進步 0.1 公分就夠了。**

昨天的最高點，是今天的最低點。即使你覺得「這不是我預期的結果」，現在的情況仍然是你過去思考、行動和習慣的「正確結果」，抱怨不會改變什麼。

首先，請接受「這是事實，這就是結果」，然後思考從現狀中可以學到什麼、如何行動，以及如何改善。

做到底，就能帶來自信

「時間＝生命」。你應該常常去想，如何思考和行動，才能善加利用這段上天賜予的時間。

工作和人生都是現在、現在、現在的不斷累積。無論何時，都該堅持自己下定決心要去「做」的事。**在關鍵時刻不退縮地「做到底」，必會為你帶來自信。**相信習慣的力量，一步一步堅持下去。

旁人正在看你的時候，當然要努力，但**沒人看你的時候，才是最重要的時刻。**

當沒人注意到你的時候，或者你正灰心喪志的時候，是否還能像往常一樣堅持已經做了很久的事情呢？這就是所謂的「面對自己」。

不行動，就不會有改變

人生不存在「偶然」或「幸運」，人生只有「必然」。

你的今天、今天發生的事、今天的狀態，全都是建立在你過去所做的事情上。

明明有想做的事，卻因為過度考慮「正確答案」或「成功」，而無法邁出腳步的人，不是因為情況或環境不允許你行動，而是因為你不行動，情況和環境自然不會改變。

不論你喜不喜歡你的狀態，此時此刻，你所處的環境及狀況，都是你自己招來的、掌握來的。因此，讓我們一起掌握自己的未來吧。

> **POINT**
> 在關鍵時刻不退縮地堅持下去，
> 必會為你帶來「自信」。

習慣會「創造」命運，
幸福在自己手裡

應該改變的，就要立即改變

過去的經驗和體驗，會在我們的潛意識中累積成數據。這些累積下來的數據，會讓你對每一件發生的事、每一個遇到的人，產生「有點討厭」、「不行」、「喜歡」、「高興」等判斷。這種「大腦運作方式」，創造了你的心。

當內心感覺到「討厭」時，即使你想隱藏，也會在你的行為中露出端倪。而且，這種情況一再反覆成為慣性後，就會養成「不喜歡」的習慣了。

正是這種「不自覺的反覆行為」，塑造出你的「生活方式」。

你的「生活方式」表現在你的舉止、表情和對事物的態度上，這些表現形成了你的「個性」。你的個性會決定你是「人選之人」（被人選上的人）或「人外之人」（被人排除在外的人），亦即決定了你的「命運」。換句話說，**你的「命運」是由過去的習慣所決定。**

請仔細觀察你目前的習慣。如果有些習慣應該改掉，現在就改成良好的習慣吧。自己的「命運」自己創造，不要等待「未來」，就是「現在」。

第 1 章

暗示大腦，
就能掌控自己的心

想改變人生，就得先了解「大腦的特性」。
只要發出能正向引導大腦的話語，
養成隨時注意動作、表情的習慣，
自然就能掌控自己的狀況、情緒和活力。

06 讓大腦「不害怕」，人生自然更順暢

首先，你得了解大腦特性

我們活在大腦的機能和運作中。

起初，每個人出生時都是一張白紙，久而久之，我們就只能在經驗和體驗所製造的「框架」中，進行思考和發想了。因此，**想要改變人生，就要先了解大腦的特性。**

如果將大腦比喻為汽車，你就是駕駛。如果你在不了解汽車性能和功能的情況下駕駛，那麼發生事故或無法正確操作，是很自然的事。

別想著一步到位

要操縱大腦，必須知道一個重要的前提，那就是「**在開始新事物時，必須克服大腦的抵抗**」。

我們的大腦具有尋找負面訊息的傾向，老愛回想過去不愉快的經歷，然後阻礙我們採取新的行動。

此外，大腦具有對「新挑戰」產生危機感和恐懼感的特性。**大腦會自動認為「變化＝危機」，自動對新的想法和行動踩煞車。**

大腦認為「變化＝危機」

人類的大腦具有對「新挑戰」產生危機感和恐懼感的特性。

從今天起，每天慢跑1小時。

討厭

不想做

這樣子就好

從今天起，每天慢跑10分鐘就好。

只有那個程度的話，應該做得到

只有這樣的話，應該可以持續下去

搞不好還能做得更多

訣竅就是從不會讓大腦感到危機的「小挑戰」開始，養成習慣。

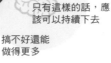

　　因此，為了迴避大腦產生「恐懼反應」，從事新事物的最佳方法不是進行「大挑戰」，而是**持續實踐不會讓大腦感到「危機」的「一小步」，累積成習慣。**

　　我們的大腦藏著驚人的能力。只要了解和善用大腦的特性，人生就會按照你所期望的方式展開。更準確地說，「人生只會按照你所描繪的方式發展」。

　　了解並善用這種大腦特性，引導自己往好的方向想，就能實現「理想中的自己」。

POINT　從「不讓大腦感到危機的一小步」開始，
　　　　逐步累積成習慣。

07 信心自己給，從自我對話開始

正向思考，會讓自己更強大

要打造強大的自己，就要留意使用的「話語」。通常，不同的說話內容和表達方式，會讓人變成正面思考或負面思考。例如，使用「必須做～」、「不得不做～」之類的話語，會在內心產生軟弱的情緒。**使用「不得不做～」這種負面話語，無法克服當前的狀況。**

另一方面，正向看待工作的人，會使用「做」、「能做」等堅定的語氣來自我對話，從而建立不敗且強大的自己。這就是「大腦的運作方式」。

演久了，就會變成真的

面對工作上的數字和結果，應保持正向的心情。因此，**無論是向人表達某事，或者自我對話，請務必使用「堅定」的強硬措辭。**堅定的表達能讓你以堅定不亂的心態面對工作。

你說的話會塑造出你的個性。不要使用「我想做」，而是不斷

留意「使用的話語」

「使用的話語」不同，有可能讓人變成正面思考或負面思考。

必須做～

不得不做～

我要做！

我能做！

使用「負面話語」就變成負面思考。

使用「正面話語」就變成正面思考。

使用「我要做」，先做再說吧。不再使用消極的話語，培養使用積極話語的習慣，你就能改變想法和行動。即使別人對你說「你辦不到的」、「這太為難你了」，你也會將這種話當成對自己的「忠告」和「激勵」，並**以理想中的自己為目標，持續扮演理想中的自己，「演久成真」，你就會變成理想中的自己了。**

　　人類的大腦運作方式也是一樣。每個人的大腦都具備天才的潛質。現實中之所以產生能力差異，主要問題來自心理層面（大腦的思考內容及思考方式）。

　　學會掌控大腦的方法，人人都能發揮驚人的能力。

POINT　說話時，使用「堅定」的強硬措辭，
可以使「大腦」變得正向積極。

08 2件事說服大腦，讓自己處在最佳狀態

讓大腦相信「好事要發生」

不僅平常使用的「話語」而已，只要**多做出正面的「動作」和「表情」，也能使大腦產生正面思考**。例如，當你提不起勁或陷入負面思考時，試著用力握拳，做出「加油」的動作吧。這會自然讓你升起「好，拼了！」的心情。用表情創造正面的印象很簡單，只要提起嘴角，展現「微笑」即可。

當人們感到「快樂」、「開心」等正面的情緒時，自然會露出笑容。因此，即使沒有特別開心的事情，只要有意識地提起嘴角展現笑容，大腦就會自動以為「肯定有好事發生」。

自己的心情自己掌握

如果想提起精神、振作士氣，請時常做出上述的「關鍵動作」和「關鍵表情」，保持「自己的心情自己掌握」、「自己的活力自己創造」的態度。

此外，如果想在工作中發揮最佳表現，那麼不論在工作或日常生活中，只要有好事發生，就把握機會做出能讓人發揮最佳表現的

引導大腦正面思考的「動作」和「表情」

大腦變成正面思考的動作

振臂高呼　　　高呼萬歲

引導大腦正面思考的表情

😊 笑容

時常做出「關鍵動作」
和「關鍵表情」，保持
「自己的活力自己創
造」的態度。

「動作」和「表情」吧。

　　這樣，大腦就會牢牢建立起「最佳表現」的印象，讓你在任何情況下都能進入「最佳表現」的狀態。

　　如果總是無精打采、垂頭喪氣的話，很難產生「好，拼了！」的心情。無論事情進展得順不順利，**只要不斷做出能引導大腦正面思考的動作和表情，使之習慣成自然，你就能逐漸掌控自己的狀態、心情和活力。**

POINT　做出「關鍵動作」和「關鍵表情」，
　　　　你就能創造出自己的活力。

09 真正棘手的不是問題，而是面對的心態

大腦會在 0.5 秒內判斷你的心情

一切事情，向前看（正面思考）就會變成「機會」，向後看（負面思考）就會變成「危機」。

遇到問題時，**真正的問題不是「發生問題了」，而是我們「如何看待這種情況」**。

人類的大腦會在短短 0.1 秒內辨識訊息，然後在 0.4 秒內將訊息與摻雜過往情緒的記憶資料進行比對，判斷出「愉快」或「不愉快」。換句話說，你「如何看待所發生的事情」，在短短 0.5 秒內就已經決定了。

整個過程只有不到 1 秒的瞬間，因此對「發生的事情」感到「不愉快」或升起「否定的情緒」，可能是無可避免的。但是，**我們可以自己決定使用什麼樣的話語、表情，以及採取什麼動作。**

再糟糕的狀況，都要看作機會

儲存在大腦中的記憶，往往負面的比正面的更為根深柢固。因此，遇上問題或困難時，如果不加留意，大腦會自動與過去的記憶

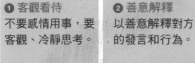

正面思考的３個重點

「一切向前看」這個單純的動作，就是正面思考的入口。無論什麼事，向前看就會變成「機會」，向後看就會變成「危機」。

❶ 客觀看待
不要感情用事，要客觀、冷靜思考。

❷ 善意解釋
以善意解釋對方的發言和行為。

❸ 視為機會（轉機）
把所有發生的事都當成是一種「機會」。

資料相比對，判斷為「不愉快」，從而引發負面情緒。結果，你的表情變暗淡、言語變消極，也就引來更多的負面情緒和狀態了。

因此，最好事先決定「如何看待」已發生的事情。換句話說，**無論發生什麼事，都應當視為一種「機會」，心懷「感恩」，用積極正面的話語大聲說出：「機會來了」、「該我上場了」！**

人類的大腦很單純，如果我們說「很傷腦筋」，它就會去尋找很傷腦筋的原因；如果我們說「機會來了」，它就會去尋找成為機會的原因。

如果能將工作中發生的任何事情都看成一種「機會」，心懷「感恩」，自然能夠轉念：「這件事反而讓我有表現的機會」。

POINT

無論發生什麼事都心懷「感恩」，
當成「這是我上場表現的機會」。

10 越常想像未來，越能夢想成真

明確地想像，才能察覺不足之處

能夠成為「理想中的自己」和無法成為的人，兩者之間的區別是什麼？那就是大腦中是否明確地描繪出「實現目標的自己」。

每個人都有模模糊糊的目標（渴望），例如，「如果能夠成為○○就好了」，但遺憾的是，僅有這種程度的期望，不可能實現「理想中的自己」。

能夠成為「理想中的自己」的人，在「尚未成功」、「尚未達成目標」的狀態下，已經明確地描繪出「實現目標的自己」了。

正因為有了這種「明確的想像」，才會知道要成為「理想中的自己」，目前還「缺少什麼」、「要面對哪些課題」，並且明確知道可克服這些課題的手段、方法，以及需要具備的知識、應該付出的努力等。

逐步填補現實與目標間的差距

要成為「理想中的自己」，首先應做好「明確的目標設定」，將目標寫在紙上，並記下日期。然後，將這張紙印出來，貼在你的

成為「理想中的自己」的 3 個習慣

❶ 設定明確的目標。

❷ 大聲說出目標。

❸ 想像達成目標的樣子。

不斷投入熱情，想像達成目標的欣喜狀態，大腦就會開始找方法，填補「實現目標的你」和「現實生活的你」之間的差距。

房間、日常攜帶的筆記本或行事曆上，每天大聲唸一次給自己聽。同時，每天幻想一次你已經實現目標的樣子，想像許多人為你感到開心而展露笑容。

想像＝結果。大腦會開始找方法填補「實現目標的你」和「現實中的你」之間的差距。

我們的大腦具有驚人的能量。我們的人生將按照我們所期望的設計圖發展下去。正因為如此，我們需要理解大腦的運作方式，培養經常查看目標、大聲確認的習慣，以協助大腦運作。

如此持之以恆，你就能將你的思考引導到更好的方向，逐步接近「理想中的自己」。

POINT 設定明確的目標，並且經常查看及大聲說出來，藉此影響大腦。

11 別讓大腦不開心，因為……

▶ 「開心大腦」的養成模式

比起「正確的事情」，人類的大腦更傾向於進行「開心的事情」。

我們的大腦中有一個約 1.5 公分大小的器官，稱為「杏仁核」，用於判斷「開心」或「不開心」。當我們開始做某事時，這個杏仁核的判斷，會影響這件事能否持續下去。

工作時，許多人會明確認定「應該做的事情」，理解該工作的「意義和價值」，來提升工作意識。也許各位當中就有人會說：「我們公司為了這件事，花了好多金錢和時間做員工培訓。」

然而，做再多的員工培訓，如果參加者不覺得「這是一件很開心的事」，而是覺得「這是公司強迫我們做的」，那就是在浪費時間。這樣一來，即使培訓的內容再好，員工還是會覺得「很煩」，非但學不到技能，更可能導致消極被動的「負面結果」。

每個人的大腦運作方式都是一樣的。正因為如此，我們需要**理解大腦的運作方式，根據「比起正確的事情，人類的大腦更傾向於進行開心的事情」這個前提，讓大腦進入「開心」模式，以面對應該去做的事。**

「目標設定」的2個重點

確立目標，不斷思考如何實現時，你會越來越有幹勁，並且逐漸看清「如何達成目標」、「需要什麼？還欠缺什麼？」

point ❶
有明確的數字可檢驗嗎？

point ❷
有明確的達成期限嗎？

想和女朋友去國外旅行。

我要利用過年假期，和女朋友到關島進行六天五夜的旅行。

🖱 與其深思熟慮，不如大膽前進

　　享受工作的其中一個方法是「大膽前進」。人類的大腦在大膽前進時會產生壓力，壓力大就開始分泌多巴胺等快樂物質。這樣一來，原本可能是消極的大腦就會積極進取，每達成一些事情，都能感到幸福愉快。

　　因此，**對工作或人生有所迷茫時，與其「深思熟慮」，不如試著「大膽前進」**。很有可能你會因此找到一展長才的道路。

人們如果不覺得「正在做開心的事情」，就無法積極進取，也無法持續下去。

12 放下執念，先求有再求好

試了再說，別讓「追求完美」扯後腿

當事情進展不順利時，人們不知為何總會更加追求「完美」。或許這是大腦的運作方式使然，我們莫可奈何，但過度的「完美主義」是值得深思的問題。

人們在追求完美狀態時，會去考慮「必須預防風險才行」、「必須先採取那個對策才行」等等，導致無法跨出第一步。

包括工作在內的任何事情，與其過度追求完美，不如「先做做看」，開始行動後，自然會浮現下一個學習課題及解決對策。

因此，**成長快速的人會將「展開行動」置於「追求完美」之上**。然後，他們會分析行動的結果，迅速掌握「現在應該做的事情」，改善不足和缺失，隨即投入下一步的行動中。

成長＝一點一點積累進步

完美主義並非不好，但我們無需過於堅持「完美」。追求成長比追求完美更重要。

以短期為單位，**設定「小目標」，累積小小的「成功」和小小**

比起追求「完美」，追求「成長」才更重要

搞不好會失敗。

有風險，必須三思而後行。

先做再說。

失敗就改進，下次會更好。

不要堅持「完美」，能達到「七十分」就可以，總之「先做再說」。這麼一來，自然會看到下一個學習課題和改進策略。

的「**失敗→改進**」，有助於加快成長的速度，提升成長的品質。

竹子之所以強韌不易折斷，是因為它有很多個節點。節點較少的竹子無法抵擋強風摧殘。

我們也一樣。多創造一些成長的「節點」，才能打造出足以抵擋風吹雨打的自己。**如果總是追求「完美」，一味考慮「我做不做得到」而裹足不前，必將錯失良機。**為了不錯過任何機會，應該抱持「先求有再求好」的心態。

POINT 不要過度追求完美，用不斷累積小小的「失敗→改進」，來提升成長的速度與品質。

時間不能解決問題，但心態能

將「意料之外」視為「意料之內」

當工作上發生「意料之外」的事情時，我們可以將其視為「意想之內」的事。

不只工作，凡事都有「意料之外」的情況發生。但不管是「意料之外」或「意料之內」，發生就發生了，只能接受。

順帶一提，**我們經常聽到「時間會解決問題」，但如果你沒做到為了解決問題而必須做的事，時間並不會幫你解決問題。**

你從「意料之外」的事情中學到了什麼，得到了什麼啟發，進行了什麼樣的改進等「採取行動的時間」，才能幫你解決問題。

工作總會遇上各種問題和困難，這時若只關注「什麼才是正確的做法」而拖延問題，並不是正確的做法。如果我們知道「完美的解決方法」，根本不會有任何問題或困難出現。

不論發生什麼事，無論感受如何，我們首先要想的是「向前邁進」。無論處於任何情況下，只要你有前進的動力，保持笑容，全力以赴，「解決之道」自會隨後而來。

第 2 章

掌握這些小技巧，
養成習慣零難度

如果問到：「你能夠每天持之以恆嗎？」

恐怕不少人會擔心：「我能嗎？」

請放心，只要從「任何人都做得到的事情」開始就行了，

總之，「先做再說」。

13 從「任何人都做得到」的 小行動開始

▶ 先降低門檻，再慢慢升高

在序章中，我提到如果你是一個菜鳥或年輕人，與其想要馬上完成一項「重大任務」，不如先從逐一實現小小的目標開始。「養成習慣」也是同樣的道理。

開始養成一種習慣時，你可能會擔心：「我做得到嗎？」但其實沒那麼困難。

因為**剛開始的時候，你只需從「任何人都做得到的事情」開始即可**。舉個例子，我在序章中提到的「在通勤電車上閱讀」這個習慣，基本上任何人都做得到。

當然，有人會說「我的通勤方式是開車、騎自行車」，也有人會說「我想培養其他習慣」。無論如何，我的建議是剛開始的時候應調降門檻，盡可能從「小小的行動」開始養成習慣。

▶ 重點是讓大腦不排斥

相信大家都能理解，為了達到自己的期望，必須採取行動並且持續下去。但是，如果你想養成習慣的行動「相當重大」，那麼當

先從「小習慣」開始

想養成習慣時,最好先從比較不會讓人受挫的「小小行動」開始。

自己先打招呼。

早上起床後先讀15分鐘的書。

提早5分鐘展開行動。

吃完後馬上洗碗。

將脫下的鞋子擺好。

然容易受挫。**因為我們的「大腦」在面對急遽的變化時,通常會產生排斥反應。**

剛開始時,最好是以不會讓大腦產生排斥反應的「小小行動」來養成習慣。只要持續進行這個小小的行動,你的大腦會在不知不覺中學會這件事。到了這個階段,你會發現做這個行動變得沒壓力,因此距離目標越來越近。

「但我最後還是沒能持續下去。」即便如此也沒關係,只要開始養成下一個習慣即可。如此反覆下去,終會順利養成習慣的。

POINT　先從「任何人都做得到的事情」開始。
就算失敗,只要開始養成「下一個習慣」即可。

14 踏出第一步，就已經是改變了

一開始，先設定較短時間範圍

　　為了順利地養成「小小行動」的習慣，不要去想「持續」做什麼，而是去想「開始」做什麼，建立「先做再說」的態度。這麼一來，你可以在沒有太大壓力的情況下邁出第一步。

　　如果好高騖遠地設定高門檻：「接下來非堅持下去不可！」大腦會自動提取過去記憶中「堅持下去好痛苦」的資料，判斷這是「不開心」的事。因此，前文也已提過，最好從可以輕鬆實現的小小行動開始。

　　如果你對於「從現在開始必須堅持下去」感到不安，可以設定一個時間範圍，比如「先試三個月看看」。以三個月、六個月為一個單位，即便時間不長，也會看到養成習慣的效果。總之先做再說，如果能夠堅持下去，再訂定一個較長的時間即可。不過，設定時間後，務必確實做到。

訂下與自己的約定

　　從「小小行動」開始，逐漸養成習慣，這點當然很重要，但要

踏出養成習慣的「第一步」的訣竅

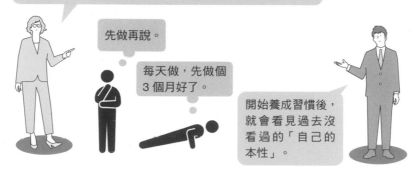

想到「要一輩子持續下去」，就會不安地懷疑：「我辦得到嗎？」這種時候，不妨抱持輕鬆的心情：「先做做看再說。」或是設定期限：「先做個 3 個月再說吧。」

先做再說。

每天做，先做個 3 個月好了。

開始養成習慣後，就會看見過去沒看過的「自己的本性」。

是失敗也不必耿耿於懷，因為**「先做再說」這件事，本身就有重大的意義。**

　　透過與自己約定「要持續下去」，並且遵守約定，你會發現「我居然連這種事都無法堅持下去」，或是「原來我是那種能夠一點一滴努力做下去的人」等等，讓你看見平時不會察覺到的「自己的本性」。一旦了解「自己的本性」，你就會知道，自己過去是以什麼樣的態度在對待工作和其他事情的。這會讓你重新審視自己，並成為改變自己時的重要參考。

POINT

訂下「與自己的約定」，並且持續進行下去，將產生重大的意義。

15 意志力靠不住！
2 訣竅教你堅持下去

⚲ 訣竅 ① : 打造機制

要養成習慣，就要把握一個重點：打造一個可以讓人持續做下去的「機制」。

當然，「我要堅持下去」的想法也很重要，但**過分依賴意志力和毅力，最終會變成不得不做的義務**，當心情低落或提不起勁時，就有可能產生「今天就算了吧」的情緒而放棄。但是，如果打造一個可以自然而然做下去的「機制」，就能輕鬆持之以恆了。而其中一個「機制」，就是「設定時間和地點」。

例如，要養成「每天學習 30 分鐘英語」的習慣，光憑「每天做」的想法，可能會遇到「今天太忙沒時間做」或者「不小心忘了」的情況。

但是，**如果你設定成「早餐後在客廳裡」、「通勤時間在電車上」、「回家後在家裡的書桌上」等，只要決定「什麼時候（時間）、在哪裡（地點）」，這個行動就會確實融入日常生活中。**你也可以嘗試各種不同的「時間和地點」，找出最適合自己的組合。

養成習慣的 2 個訣竅

❶ 打造機制
（訂定「時間和地點」）

❷ 向別人宣布：「我要做
這件事！」或是把別人
也牽扯進來。

下了這樣的工夫
後，不依賴決心、
幹勁和毅力，也
能養成習慣。

每天早上吃完飯後，在客
廳學習15分鐘的英語！

我每天都更新貼文，
想聽聽你的感想。

訣竅 ②：讓他人推你一把

　　另一種方法是「牽涉他人」。你可以對家人、朋友、同事或上司宣布：「我要做這件事」，或者「每天寄明信片」、「每天打招呼」般，**以某人為對象來持續進行某事，以養成習慣，這樣在心理上和環境上都會讓你無法輕易放棄。**

　　大家都一樣，當只有自己一個人時，很容易產生「今天就算了吧」的偷懶情緒；但如果和他人做了約定，或是對方會有反應，就會讓人繼續做下去了。

POINT　養成習慣的訣竅有兩個，一個是訂定「時間和地點」，另一個是「牽扯他人」。

16 只有 3 分鐘熱度？那也無妨

無法堅持，就代表這個習慣不適合你

即使你做了幾天就中斷，也不必認為「我不適合養成這種習慣」而沮喪或死心。因為「3分鐘熱度」的經驗，也是邁向下一個習慣養成的過程。

即便中途失敗，只要分析失敗原因並加以改進，這個「失敗」本身就會成為繼續養成下一個習慣的有益資訊。

此外，即使有個習慣很難堅持下去，「可能只是這個習慣不適合我」的想法，可以讓你展開其他的習慣。就算以「3分鐘熱度」收場，包括挫折在內，都是寶貴的經驗。

就算失敗，也比「什麼都不做」好

據說矽谷圈有句名言：「早點失敗早點好。」當然，每個人都在追求成功，但在矽谷這個引領全球 IT 產業重鎮，挑戰新事物時，失敗已經被「計畫進去」，人人早就認為比起「失敗」，「什麼都不做」的缺點更大。

這點，習慣同工作一樣。**即便挑戰「失敗」，我們應該積極地**

「3分鐘熱度」、「失敗」都是寶貴的經驗

只要不放棄挑戰,「3分鐘熱度」、「失敗」等,全都是寶貴的經驗。

連續3天的成績會變成自信。

失敗了,那就開始下一個習慣。

3天讀一本書,每天持讀下去,一個月就能讀10本書了。

只是這個習慣不適合我罷了,趕快挑戰其他習慣吧。

看作是「向前邁進一步」的過程。

　　與其「什麼都不做」,不如「嘗試去做」。嘗試後失敗也是理所當然的。無論如何,就是「前進,前進,再前進」。假設有真正的失敗,那就是當你不再挑戰的時候。只要持續挑戰,任何失敗都將成為「寶貴的經驗」和「成長的養分」。

POINT

「失敗」是「寶貴的經驗」、「成長的養分」。
「什麼都不做」的缺點更大。

17 2 撇步，輕鬆強化執行力

① 隨時意識到「前一個習慣」

決定「做」一件事並養成習慣，需要一些訣竅，其中之一就是意識到「前一個習慣」。例如，決定「每天早上五點起床」，但前一天晚上卻深夜二、三點才睡覺的話，大多數人都難以持之以恆吧。

如果同時設定起床的前一個習慣，也就是睡覺時間，例如設定「前一天十一點前睡覺」，就可輕鬆養成「早起」的習慣。不過，為了「五點起床」，光設定「十一點睡覺」是不夠的。因為要實現十一點睡覺，還需要意識到更前面的「前一個習慣」。

睡覺前要洗澡、吃飯，如果想要有充裕的時間進行這些活動，還需要意識到下班時間。像這樣，**持續意識到「前一個習慣」**，就能輕鬆地持續進行下去。

② 做好「事前的準備」

除了意識到「前一個習慣」，**提前做好「準備」，也能幫助你順利養成目標中的習慣。**

事前準備可以強化習慣

不只意識到「前一個習慣」，還要事先做好可讓習慣持續下去的相關「準備」。

「事前準備」範例

養成慢跑的習慣

將慢跑服裝
放在枕頭旁邊。

養成在通勤電車上讀書的習慣

將要讀的書放進包包裡。

　　例如，想要養成每天早上「慢跑」的習慣，可以將慢跑服裝放在枕頭邊。想要養成每天「冥想 5 分鐘」的習慣，可以在冬天預設空調，確保起床前房間是溫暖的。像這樣意識到養成某種習慣所需要的物品和情境，並提前做好準備，你就能順利每天進行這些習慣了。

　　除了決定「養成這個習慣」並付諸行動外，還要思考「如何才能順利進行這個習慣」，這有助於重新審視生活，調整生活節奏，因此請務必一試。

POINT　訂定「前一個習慣」，做好事前準備，
就能強化「去做」的習慣。

18 成功人士都是晨型人！是有根據的

起床後 15 分鐘是關鍵

一日之計在於晨。如何度過一天的開始，將影響到後續一整天的度過方式和充實程度。尤其**「早上睡醒的 15 分鐘」非常關鍵**。如果能養成習慣在這段時間提高一天的動力，就能讓接下來的時間保持幹勁。而為了有效利用早上的時間，建議你養成早起的習慣。

「早起」可說是眾多習慣中最重要的一個。例如，過去晚上總是晃來晃去，早上 8 點才起床的人，如果養成 5 點起床的習慣，一天就能多出 3 小時，那麼一週就是 21 小時，一年就是 1095 個小時，能有效利用的時間大幅增加了。

一旦養成早起的習慣，多出來的清晨時間，可以用來進行閱讀或學習等「對工作有利的習慣」，但這段難得多出來的「個人時間」，也可以用來進行健走、料理、寫信等「之前沒空做的事」，也可以挑戰樂器、繪畫等新的興趣。

要想好眠，就別貪黑

順帶一提，要養成「早起」的習慣，就要有良好的睡眠品質。

提升睡眠品質的方法

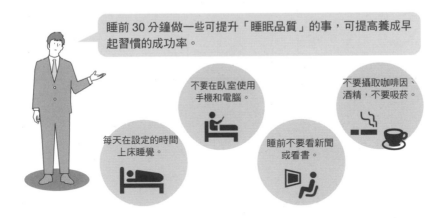

睡前 30 分鐘做一些可提升「睡眠品質」的事,可提高養成早起習慣的成功率。

不要在臥室使用手機和電腦。

不要攝取咖啡因、酒精,不要吸菸。

每天在設定的時間上床睡覺。

睡前不要看新聞或看書。

要有良好的睡眠品質,就要像前文所述,每天晚上都要留意「在設定的時間上床睡覺」。不僅要設定睡覺時間,還要留意睡前的活動。

為了避免睡前刺激大腦,請多留意「提升睡眠品質的方法」,例如不要在臥室裡使用手機或電腦,也不要在睡前看新聞或看書。

POINT

「早起」是最重要的習慣之一。
也要留意提升睡眠品質的方法。

19 行動不失焦，就有辦法堅持下去

持續多久才算有成長？

很多人想知道，習慣要持續多長時間，才能真正感受到自己的成長。遺憾的是，沒有數據可以保證「持續〇個月就能確實成長」，或「持續〇年就能感受到養成習慣的成果」。這取決於個人，也取決於習慣的內容，無法一概而論。

此外，習慣的「持續時間」和個人的「成長程度」，也並不一定一致（成正比）。

在培養習慣的初期，有時可能會感到「無論持續了多久，都感受不到成長」；或者，起初可能成效顯著，但到了某個時期就突然停滯不前。

這種情況下，很多人會開始懷疑：「是不是再持續下去也沒意義了？」**如果這時候停下來，成長就會真的停滯不前，之前累積的努力也會完全白費。**

成長的瞬間會忽然造訪……

即使「感覺不到有成長」，依然能繼續維持習慣的人，都有一

能維持習慣的人、不能維持習慣的人，各有這些特色

不能維持習慣的人
＝
理想與目標不明確

我到底是為什麼來著？

能夠維持習慣的人
＝
理想與目標很明確

為了接近理想中的自己，我要堅持下去！

堅持到底，確實感受到「我成長進步了」、「我更接近理想中的自己了」的那個瞬間（成功分歧點）終會來訪。

個共同點，那就是明確描繪出自己的「**理想和目標**」。如果只是模模糊糊地想：「堅持下去可能有好事發生」，一旦覺得「好煩」或者質疑：「繼續下去有意義嗎？」很可能就會選擇放棄。

但如果明確描繪出「堅持下去，我就能成為理想中的自己」，或者「達成這個目標，我就能讓某人感到開心」，就會相信自己必能成長，進而貫徹到底。於是有一天，讓你確實感受到「我成長進步了」的那個瞬間會突然造訪。我將這個瞬間稱為「成功分歧點」。

POINT

明確描繪出「理想與目標」，
能夠提升維持習慣的可能性。

感覺再怎麼努力都不對，
該怎麼辦？

以「真正的渴望」來判斷方向

各位當中，應該有人覺得在工作上「碰壁」了。**覺得「再怎麼努力都還是碰壁」的人，有可能是目標方向設定錯誤。**

我曾幫助過一名高中生，他的夢想是製造全世界最頂尖的汽車。那麼，他就必須進入大型汽車廠商工作吧？

但現實世界中，「汽車廠商」全是巨型企業，競爭激烈，想進去並不容易。而且，即使是大型汽車廠商，實際參與「製造汽車」的人僅有少數，大多數人從事的是銷售、管理之類的工作。

換句話說，大型汽車廠商更適合那些「想進入大企業」的人。如果想實現製造汽車的夢想，在一家開發全世界最輕量的鋼鐵纖維工廠，或製造全世界最安全的輪胎工廠工作，或許才是有價值的選擇。

如果不是以真正的自我渴望為依據，而是以「社會上普遍看好」作為判斷的標準，你無論如何都會碰壁。因此，請確認自己未來的展望，以「自己真正的渴望」來下判斷吧。

第 3 章

職場前 5%人才，
就是這樣勝出的

出社會後，如果只做「別人交代的事」，

肯定無法被認為是「能幹的人」。

「活得像自己」，也不是指「做自己想做的事」。

請先培養正確的思考習慣，打造「被工作選上的自己」。

20 打造「被工作選上」的 職場勝利組

「臨時抱佛腳」已經行不通了

學生時代只要努力讀書，就能贏得「優秀」的好評。考試前熬夜啃書，然後幸運地遇到昨晚剛記住的題目，於是懷著「好幸運」的心情將正確答案寫在答案紙上，這種回憶應該很多人都有吧。

不過，**出社會後光靠「知道的事」、「寫出正確答案」，根本行不通。進入公司後，唯有成為一個「能幹」的人，別人才會和你合作。**

不努力找出自己的學習課題，不會有人「想跟你一起工作」。工作是他人提供的，因此，追求自我滿足只會損失機會。

老是臨時抱佛腳或逼近最後期限才趕快做，不知不覺就會演變成「臨時抱佛腳的人生」，無論幾歲都會過著匆忙的日子，不斷哀嚎「我好忙」、「我好辛苦」。

專注於完善每個當下的課題

找到學習和成長的樂趣是「自我教育」的關鍵所在。自己覺得開心，無論做什麼都會堅持下去。

大眾對「學生」與「社會人士」的評價方式不同

學生

社會人士

學習課題是別人給的。只要考試能寫出正確答案即可。

自己找出學習課題後，展開行動並做出成果，才能贏得別人的肯定。

當你是學生的時候，也許透過考試就能被他人認可；但社會人士只有透過「累積工作經歷」，才能獲得。

　　社會人士與學生不同，必須「自學」。學生時代，一直到大學畢業，最多只有十六年，但踏入社會後，一直到退休，大約還有四十年，如果直到死亡，那麼還有六十到七十年的時間必須自學。

　　而且，無論學習多少、實踐多少，「自我精進」都不會有「正確答案」或「完成之日」，也不會像學生時代那樣，有人為我們提示「學習課題」。

　　要創造自己的人生，不能靠臨時抱佛腳或突發奇想，而是靠日常微小習慣和目前每一段工作經歷的累積。**現在你應該做的，就是專注地、一個接一個地完成眼前的工作和課題。**

　　未來就在這些累積成果的前方。請好好描繪「理想中的自己」，學習積極進取，累積眼前的每一個工作經歷。

POINT

出社會後就不再適用「臨時抱佛腳」了。
未來是由眼前工作成果的累積所堆砌的。

21 永遠不要放任自己漫不經心

▚ 日子越輕鬆，心裡越空虛

人們心中主要有兩種欲望，一種是「希望輕鬆自在」的「安樂的欲望」，另一種則是「渴望充實滿足」的「充實的欲望」。

當我們沒特別去想時，往往會被安樂的欲望帶著走，而且這種欲望不會自行消失。

看到這裡，如果你這麼想：「啊，我可能被安樂的欲望帶著走了。」其實不必擔心，「好想輕輕鬆鬆啊！」是人之常情。但是，只追求「安樂」會讓人感到「缺少什麼」。這個「缺少」的東西，就是「充實感」。

越想輕鬆安樂，越難獲得充實感。要獲得這種充實感，就需要確立目標，努力奮鬥。這種心情又稱為「意識的欲望」。

▚ 越追求充實，越覺得踏實

希望「輕鬆過日子」的人通常會想：「最好不必承擔責任」、「麻煩的事能躲就躲」、「拒絕嘗試新的挑戰」等等，但越是這樣想，結果往往活得越不輕鬆。

什麼是「安樂的欲望」與「充實的欲望」？

安樂的欲望

只要不特別去想，通常就會「好想輕輕鬆鬆啊！」

充實的欲望

不確立目標並且努力不懈，就得不到充實感。

越想要輕鬆，就會越覺得「無聊」、「痛苦」而得不到充實感。

| 不想負責任 | 不想做麻煩的事 | 帶著責任感做事 | 不逃避麻煩的事 |

挑戰好可怕！

我想要挑戰！

為什麼呢？因為什麼都不想地被安樂帶著走，就會形成經常感到「缺少什麼」的習慣，輕鬆時覺得「好無聊」、「好沒意思」，不輕鬆時則只會覺得「好痛苦」、「好難受」。

因此，**如果你在工作中感到「無聊」或「痛苦」，那就告訴自己：「我要努力發揮自己，自我充實。」**並且採取行動。

每天工作時都保持這樣的心態，你會漸漸產生這類想法：「我要更有責任感，全心全意投入」、「不要再逃避麻煩的事了」、「我想挑戰之前沒做過的事情」，進而過上充實的人生。

POINT

當我們沒特別去想時，
往往會被「安樂的欲望」帶著走。
隨時不忘自我提醒：「我要好好發揮自己！」

22 不去挑戰，
哪能知道適不適合

工作的意義要自己創造

出社會後，當工作不如意時，有人會有這種想法：「我想活出真正的自己」、「我想做自己想做的事」。事實上，**「做自己想做的事情」不等同於「活出真正的自己」。**

工作上總會有一些你不願做的事，有時你會覺得像是被工作綁住，不得脫身。但**工作是不是有意義，取決於你的「做法」和「目標設定」。** 例如，上司要求你在週五前完成某事，你可以提前一天完成；上司要求你達成十萬元的銷售目標，你可以設定成十五萬元，並努力達標。無論如何，對目前的工作加入自己的心思和努力，才是「活出真正的自己」。

勇於嘗試，搞不好因此解鎖了新技能

「選擇適合自己的工作」，說這種話的通常是那個行業的老鳥。作為一名員工，如果才工作三、五年，那麼無法自由選擇工作是很正常的。

即使你的上司或前輩認為你能勝任某項工作，如果你回答：

重要的是：決定「行動」！

為了成長，你要做的是……

失敗也沒關係！將失敗經驗化為成長的養分，不斷建立自信：「我一定會創造出我自己的未來！」

✕ 為了消除不安而吸收知識
為避免失敗，必須先學會各種事情……

早點失敗早點好，早早累積經驗
失敗就檢討原因，作為下次行動的參考。

「我做不來」或「我可以嗎？」依然不會有任何開始。不管什麼工作，如果不先嘗試一下，永遠不會知道你是否「適合」這份工作。如果上司指派給你的是你從沒做過的工作，你可以說：「好，我來做。但我沒有經驗，請您指導我一下好嗎？」藉此養成勇於挑戰的習慣，有助於擴大你的能力範圍。

　　人們唯有透過挑戰才能知道更多。**挑戰的成果會成為你目前的實力，也能讓你發現：「原來我有這樣的才能啊！」**「適合」或「不適合」這份工作，不是由你決定。請記住，你的工作表現別人都看在眼裡。因此，先決定「去做」，再來考慮其他事情。

POINT

不該在新手階段就對工作東挑西挑。
不去挑戰，根本不會知道自己適不適合。

23 自責才能擺脫困境？
一點也沒錯

周遭發生的事，都和自己有關

　　「努力」並非為了獲得他人的好評，而是為了實現自己的「目的」、為了「達成目標」。沒有付出努力的人，或者渴望被別人認為「很努力」的人，通常會將不順利的原因歸咎於環境、狀況、合作夥伴、客戶等外部因素，而不是自己。然而，**有一個觀念相當重要，就是自認對周圍發生的事情有責任。**

　　當事情進行得不順利時，人們只有三個選擇。第一個是「批評或忽視整個事件和參與其中的人」；第二個是「採取行動來改變現狀」；第三個是「改變觀念，調整人生藍圖」。

事實只有一個，詮釋卻有多面

　　如何詮釋已發生的事情，完全取決於自己。事實只有一個，但詮釋的方式有無限多個。換句話說，**積極的詮釋（調整人生藍圖）可以引領你邁向下一個機會。**

　　生活中會發生各式各樣的事情，每一次都是在考驗你的人生智慧。不管發生什麼事，別忘了，「不要把生活過錯歸咎於他人」。

「不順利」時的３個選擇

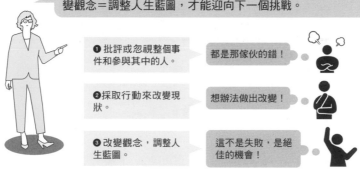

當事情進行得不順利時，人們只有以下３個選擇。唯有積極改變觀念＝調整人生藍圖，才能迎向下一個挑戰。

❶ 批評或忽視整個事件和參與其中的人。 都是那傢伙的錯！

❷ 採取行動來改變現狀。 想辦法做出改變！

❸ 改變觀念，調整人生藍圖。 這不是失敗，是絕佳的機會！

唯有自責，你才能找到擺脫困境的方法。

　要成為一流的商務人士，你必須在「與他人競爭」之前，先在「與自己競爭」的戰役中勝出。無論多麼困難，只有不斷自我挑戰，你才能找到擺脫困境的方法。**逃避困難很容易，但逃避只會讓夢想和目標從你手中溜走。**每天都在「與自己競爭」的戰役中勝出，你才能成長和自我實現。

POINT

凡事「怪罪別人」並不會改變現狀。唯有抱持「自責」的心態，才能找到擺脫困境的方法。

24 心態決勝負！
難怪能讓企業搶著要

⚲ 產生「由你來做」的意義

身為一個新手，或是剛到一個新的工作場所，或是挑戰未知的工作等，人們都是不斷累積經驗，並且向不同的人學習，才會變得越來越「能幹」。但是，這不代表只要做「別人交代的事情」、「別人交代的分量」，在「別人交代的截止日期」前完成就好。

當然，完成別人交代的事情很重要，這也是一種能力。但是，即使你熟練地完成別人交代的工作，這件工作也未必非你不可。

「由你來做」的意義究竟是什麼？**「你」才是主體，當你能主動思考、提出方案、做別人沒交代的事，或是做出超乎預期的成果，那麼由你來做才有意義。**

或許有人認為：「上面交代的事情，我向來都是拼命去做。」當然，等待他人的指示也是一種「拼命做事」的態度。但超越「拼命做事」的熱情，亦即「認真去做」，才是至關重要的工作態度。

不是「拼命做別人交代的差事」，而是抱持「認真去做」的工作意識，才會產生「由你來做」的意義。

那件工作「由我來做」的意義

只做「別人交代」的差事。

做得比「別人交代」的更多。

常常思考「由我來做」的意義，以「認真」的態度投入工作。

只會是「誰都可以做的差事」。

產生「由你來做」的意義。

◤ 付出要大於收穫

　　日本知名企業家松下幸之助曾經說過：「創造出比你希望得到的高出十倍的價值。然後，其中的一分將會回饋給你。」基本上，**工作的原理原則就是「付出大於收穫」。**

　　許多人只想拿多少錢做多少事，但也有人的態度是「對公司提供高出收入十倍的價值」，那麼，公司會更看重哪一種工作態度的人呢？無論在哪個時代，願意付出更多的人，肯定成為企業爭搶的人才。

POINT

不能只做「別人交代的差事」，而是要拿出「認真工作」的態度，做得比別人交代的更多。

25 你以為的「極限」，其實還沒到達

▶ 拓展「自己」這個容器

工作時若感到「危機」，請將它視為「成長的機會」。有時你會遇到不適合或不熟悉的工作而花費很多時間，深感壓力山大，但這正是「擴展自身容器」的機會。

在你這個「容器」裡，應該放進了各種不一樣的球，有工作，也有與家人相處的時間、興趣嗜好的時間、約會的時間等。而且工作這種球會不斷丟過來，這種狀態正是最佳良機。

那些拼命努力也不會成功的人，總是想將「工作」新球放入自身容器中，但又不得不將其他「某種」球從容器中取出，以便容納新的球。結果，雖然放進新的球了，卻犧牲了某種球，以致內心留下疙瘩。這種情況下，最終只會因為無法專心投入而一事無成。

▶ 喊累只是感動自己，不如思考還能怎麼做

積極嘗試所有工作，不挑三揀四，你就能發現自己的潛力，而且不會限制潛力的發展。因此，當上司分配工作給你時，先做再說吧。**當你覺得「已經到達我的極限了」，你會開始下工夫而湧現智**

痛苦時，正是擴展潛能的良機

不要覺得「已經到達我的極限了」而自我限制，應該去想：「還能再怎麼做？」來擴展「自身容器」。

我不行了。只能減少花在興趣上的時間了。

我應該還可以。先做再說吧。

慧，**也就能處理更多事情。**這樣一來，你的技能自然提升。

然後，當你成長時，你會意識到：「那時，我以為的極限值，其實還很低。」上司或前輩認為「你做得到」的時候，就是你發光發熱的機會。

如果你覺得「已經到達極限了」，請再考慮一下：「也許我的極限值設得太低了」，這種工作態度將幫助你打造「被工作選上的自己」，而非「對工作挑三揀四的自己」。

 POINT 什麼工作都「去做」，就能「擴展自身容器」。「已經到達極限了」的感覺，會讓你下更多工夫，進而產生智慧。

26 開始前的「準備」，已經決定了結果

▶ 準備好的人，從來不找藉口

我們應該仔細做好工作上的「準備」，也就是「排除藉口」。說的更清楚一點，所謂「準備」，就是做好萬全的前置作業，以排除所有可能成為「藉口的材料」。

能夠成長進步的人，會為自己的錯誤負責，絕不找「藉口」。

曾在日本及美國職棒表現優異的鈴木一朗，某次回答記者的詢問時表示：「為了以高水準的速度比賽，我總是隨時做好身心上的準備。對我來說，最重要的就是在比賽前做好完美的準備。」由於一直做到「最完美的準備」，因此無論結果如何，他都不會後悔。

▶ 就算結果不如人意，也不會後悔

那麼，我們呢？在商談、演示、訪客拜訪、會議和日常工作上，我們是否都有「做好完美準備」的心態呢？這麼說並不為過：正式開始之前的準備，已經決定你的結果了。

用心做到你能想到的「完美準備」後，首先你會建立自信，進而產生「理想的成果」。

排除「藉口」的方法

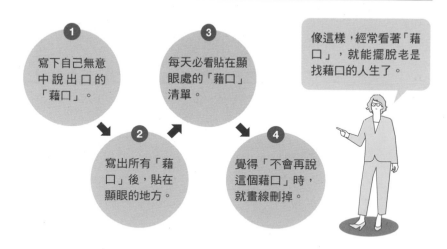

1 寫下自己無意中說出口的「藉口」。

2 寫出所有「藉口」後，貼在顯眼的地方。

3 每天必看貼在顯眼處的「藉口」清單。

4 覺得「不會再說這個藉口」時，就畫線刪掉。

像這樣，經常看著「藉口」，就能擺脫老是找藉口的人生了。

　　「成果到什麼程度，表示你的準備到什麼程度。」……這麼說，或許你會感到壓力，但如果你能改變觀點，壓力就能減輕。如果你已經做好充分的準備，就可以自信地告訴自己：「我已經做好一切該做的準備了」，而迎向挑戰，因此不會緊張，而且無論結果如何都能接受。

　　如果你能接受結果，就能做出正確的分析，知道自己缺少什麼而加以改進，為下一次的挑戰做出更完美的準備。

 POINT 徹底排除「藉口的材料」，可讓你不會緊張，並且接受結果。

27 人類都是金魚腦，隨時記錄很必要

只寫關鍵字也可以

無論多棒的事，我們通常幾分鐘後就會逐漸忘記。據說，人們會在一小時後忘記約一半的內容，會在一天後忘記七成以上，在一個月後忘記約八成的內容。因此，**保持「隨時筆記」和「隨時記錄」的習慣極為重要**。有沒有養成這種習慣，將大大左右你的未來。

記錄的內容只是條列式重點也無妨，雖然後來再看時可能會納悶：「這是什麼啊？」但總是能慢慢回憶起來。

除了寫下別人說的話，還要寫下自己的靈感。無論在電車上或深夜，突然的靈光乍現、想做的事情，或者突然想起遺忘多時的事情，都可以筆記下來。

此外，當你想起要對某人表示感謝，或者想起對某人做出失禮的行為時，也應立即記錄下來。

重點是為了整理思緒

工作時，如果累積許多待辦事項，心情會變得焦慮、煩躁，不

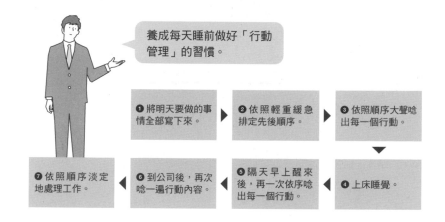

管理個人行動的方法

養成每天睡前做好「行動管理」的習慣。

❶ 將明天要做的事情全部寫下來。 → ❷ 依照輕重緩急排定先後順序。 → ❸ 依照順序大聲唸出每一個行動。

❼ 依照順序淡定地處理工作。 ← ❻ 到公司後，再次唸一遍行動內容。 ← ❺ 隔天早上醒來後，再一次依序唸出每一個行動。 ← ❹ 上床睡覺。

知該優先處理哪件事才好。結果，可能會搞錯優先順序：「應該先做這個才對」、「我忘了這件事」、「到底該從哪裡做起？」而慌張失措。

「忙東忙西」和「忘東忘西」的情況也會增加。「忙」和「忘」都意味著「心」已經死「亡」。心亡就是因為大腦思緒沒有整理好。

無論工作量多大，只要思緒井然有序，就能按順序一一處理。畢竟，工作就只能從可以做的部分一點一滴做下去。

POINT

「做筆記」的習慣不僅能強化記憶，也能整理思緒，進而提高工作效率。

28 建立專屬準則，就不容易迷失

身體和心靈是最寶貴的資源

公司的經營資源有「人」、「物」、「金錢」、「資訊」、「系統」、「運氣」等，而**在人生的經營方面，「身體」和「心靈」是最重要且最寶貴的資源。**

想要有良好的表現，除了具備生產出東西的「頭腦」和「幹勁」外，當然也要養成「正面思考」的生活方式和習慣，並且維持在最佳狀態。為此，你最大的資本就是「身體」。**有了健康的身體，才能發揮積極正面的思考。**但這不表示你大可用自己的步調工作。真正的重點在於：「你應該建立自己的準則，去決定怎麼做才適當。」

憑感覺也沒關係，你可以在顧及身體的狀況下建立這類準則：「可以稍微勉強撐一下，但絕對要避免逼死自己。」那麼，當你覺得「我這次有點太操了」時，就要記住這個自覺，並決心改進，下次就不能再狠操自己了。

改變「願景」，視野就跟著開闊

「公司」和「人」的管理資源

公司的 4 大經營資源

人　　　物

金錢　　資訊

人的 2 大經營資源

身體　　心靈

話說「身體是最大的資本」，有健康的身體，你才能在生涯中締造成績、帶給別人幸福等，創造出人生的「成果」。

此外，心靈的照顧也很重要。無論學過再多「正面思考」的知識，受過再多相關的訓練，如果向來習慣負面思考，要一下變成正面思考也不容易。

那麼，到底該怎麼做，才能改變嚴重且頑固的負面情緒呢？答案是：改變「願景」。

如果眼前的狀況一直干擾著你的情緒，請試著擴大視野。如果眼前的狀況老是讓你焦頭爛額，請試著反省自己。要描繪怎樣的「願景」取決於你，但是，**「願景」應隨著你遇到的人、身處的環境而彈性改變。**「願景」改變後，「結果」也會隨之改變。

對於該怎麼做才恰當，內心有一套自己的準則，然後以此準則不斷改進工作方式。

29 為什麼持續成長的人，都能正面思考？

真誠就是必殺技

我經常對參加社團活動的國、高中生演講，給他們心理上的支持。我自己在二十七歲以前，也都在打業餘棒球。請問各位，你們認為對運動員來說，除了技術和體力之外，什麼元素最重要？答案是「人性因素」。

相撲運動經常提到「心、技、體」，對出色的運動員來說，體力和技術之外，還有一種不可或缺的元素，就是「頑強的性格」。

不過，運動員要獲得大幅的成長進步，光憑頑強的性格還不夠，必須加上「真誠」，成為「真誠的頑強派」。

如果缺乏真誠，對教練或指導方針的不滿，對隊友的不滿、對家庭、學校或工作場所的不滿會越來越多，問題也就越來越多。換句話說，**一個人不夠真誠，就容易做出消極負面思考。**

開啟「心靈之門」的鑰匙

這點在商務領域也同樣成立。因此，如果你覺得自己很容易做出負面思考，就要學會「真誠」，追求「積極正面的思考」。

不真誠就會累積不滿

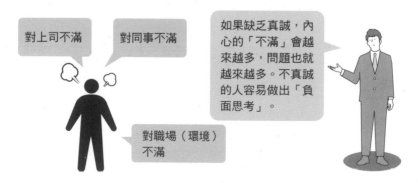

不夠真誠的話……

對上司不滿

對同事不滿

對職場（環境）不滿

如果缺乏真誠，內心的「不滿」會越來越多，問題也就越來越多。不真誠的人容易做出「負面思考」。

　　當心靈變得「真誠」，你就能正向看待一切，以積極的心態過生活。為此，請你要有夢想，甚至可以是妄想，盡量讓自己保持興奮。心靈不「真誠」的人，等於處在「心靈之門」上鎖的狀態。不過，鑰匙在你手上，你可以輕易打開這道門。而這把鑰匙的名稱就叫做「真誠」。

　　如果別人批評你，你可以真誠地回答：「是的，你說得對」、「好的，我來試試看」，然後真誠地改進。培養這種習慣，你一定能大幅成長進步。

POINT

不夠「真誠」，就容易做出「負面思考」。
請保持真誠的心，追求「正面思考」。

30 鍛鍊思考能力，走自己的路

先試著自己思考看看

最近，世界變得非常方便，有問題只需要 google 一下就能迅速找到答案。相信各位當中，肯定有人在上司問問題時回答：「我來 google 一下。」不過，我倒認為：「不應該什麼事情都立刻上網查詢。」

不只是上網查詢，我認為也不應該立刻問人或查書。這下你可能會問：「那該怎麼辦？」答案很簡單——先試著自己思考看看。

有時也要讓腦筋休息一下

越是不明白的事情，越需要試著自己思考看看。「為什麼會這樣？」「原因是什麼？」「目的是什麼？」就算因此大傷腦筋，也別馬上找人問，應該先自己想想看吧。不妨給自己一些時間，例如「思考○分鐘」或是「思考○天」，在這段時間裡好好傷透腦筋。

隨著現代社會的便捷，我們更需要養成「先自己思考一下」的習慣，才能鍛鍊我們的大腦。話雖如此，有時「讓腦筋休息一下」也很重要。

煩惱能培養出思考能力

原因是什麼？

目的是什麼？

為什麼會這樣？

正因為這個時代太方便，我們更需要養成「先自己思考看看」的習慣，建立「自己思考，走自己的路」的觀念。

　　人在江湖，總有感到莫名無精打采的時候，或是抱著「不加油不行」的念頭而埋頭苦幹，導致疲憊不堪，惶惶不安。這種時候，請給自己一個喝茶時間，讓腦筋休息一下。泡一杯咖啡或一杯茶，只需要短短二到三分鐘，讓自己喘口氣。

　　這種無所事事的時間，能夠激發出你的動力和專注力。人生「不要踩煞車」，但也不必一直油門踩到底，只要保持前進就行了。

POINT

遇上不明白的事情，不要立刻上網查詢或請教別人，應養成先自己思考看看的習慣。

31 沒有「共事心態」，
就無法走得長久

不會有任何一件事「和自己無關」

如果你是在公司、組織中上班，那麼保持「與夥伴共事」的心態非常重要。為此，你應該養成一個習慣：將發生在自己周圍的所有事情，都當成與自己有關的事情來思考。**在你的生活周遭，不會有任何一件事情與你無關。**

不過，不是要你「對所有事情都一頭栽進去」，而是要將一切都視為自己的事情，然後試著思考一下。

無論如何，對於每件事情都應該抱持「明天可能會影響我」的態度。所謂相信自己，就是調整自己的心態，懷抱著「安心感」過生活。

這種「安心感」不應該誤解為「不會發生在自己的生活周遭，所以安心」，或者「這件事情與我無關，所以安心」。相信自己並且安心過生活，意味著無論發生什麼事情，無論處於什麼狀況，都能盯著對面的「事情」或「物品」，然後挑戰眼前的狀況。

和夥伴建立互助關係

與「夥伴」建立關係時的 2 個重點

 ❶ 不是「互相依賴」，而是「互助合作」。

 ❷ 應該道歉時，就誠心誠意道歉。

「堅忍不拔」雖然很棒，但老是逞強只會累死自己。有時應該找夥伴商量，請他們從客觀的角度給予建議。

　　當發生不好的事情時、有人陷入困境時、夥伴向你求援時，請盡全力解決問題。

　　即使你說「這不干我的事」，但事實上，你的生活周遭不會有任何一件事與你無關。為什麼？因為如果真的與你無關，你的眼睛、耳朵就不會接受到相關訊息。

　　既然你身在公司或組織中，就不應該獨來獨往。只要你懷著「幫助夥伴」的意識而行動，這種意識就會傳遞給你的夥伴。**當你的夥伴明白你的心情和行動，日後發生你所不樂見的困難時，你的夥伴也一定會伸出援手。**在工作上，應該隨時保持「與夥伴共事」的意識。

 POINT

懷著「幫助夥伴」的意識而行動，
當自己遇上困難時，夥伴必會伸出援手。

疲憊時，
不妨想想初心

讓自己一直保有新鮮感

我們基本上都有點「懶惰」傾向，所以有時會想喊：「好累喔！」但在這種情況下，我們應該忍住，然後對自己說：「你很努力了。」喊「累」給自己聽，大腦就會自動解讀為「我很累了」，結果只會讓自己更加疲累不堪。

怎樣才能「不累」呢？莫忘初心相當重要。每天都回到最初的心情，想起當時的感覺，這樣就不會感到疲累了，反而會充滿活力。初心就是回顧、回憶當時情景。

當初決定要做某件事的時候，是在哪裡、在什麼情況下、和誰一起、有什麼對話、當時的氣溫如何、穿著什麼衣服……，一一回想這些細節，你就會想起當時你是如何決定「去做」的。

重視初心，保持「充滿新鮮感的自己」。養成這種思考習慣後，你就能做到只有你才能做到的事。你就是為了這個目標而不斷訓練、學習、鍛鍊和努力的。請你莫忘初心，並且相信未來的自己。

第 4 章

比優秀更重要的，
是培養「持續成長」心態

為了活出「自己的人生」，

我們必須描繪出「理想中的自己」，並積極採取行動。

你應當克服的課題，就存在於「理想」和「現實」的差距中。

要「持續成長」，就得多去體驗「失敗」，從中記取教訓。

32 以「理想中的自己」為目標

理想中的自己一現實中的自己＝課題

你正在過「自己的人生」嗎？你有這樣的覺悟嗎？不是依照「父母」、「老師」的人生藍圖，也不是依照「他人眼中」的人生藍圖，而是完全過「自己的人生」。

要過自己的人生，需要描繪至少三年或五年後「理想中的自己」，思考該怎麼達成目標。

「理想中的自己」—「現實中的自己」＝「課題」。為了完成這個「課題」，你必須不斷學習和實踐。不採取行動的人，當然不會看到結果。

以「理想中的自己」為目標，不斷學習和實踐，逐一完成「課題」，並將這套反復進行的過程培養成習慣。比起挑戰失敗而後悔，人們更會後悔沒去挑戰。透過挑戰，你的觀念和經驗將擴展到未曾接觸的領域。

人生的方式只有兩種：一種是「創造未來」，另一種是「重複過去」，選擇哪一種取決於你自己。

「課題」存在於理想與現實的差距中

常常去想三年後、五年後、十年後「理想中的自己」，
然後不斷藉學習和實踐來完成「課題」。

理想中的自己 — 現實中的自己 = 課題

實踐成就自己的「課題」

舉例來說，如果你認為自己「不擅長銷售」，那麼你應該檢討
不擅長的原因，如果問題出在「第一印象」，你就該檢討你的服裝
儀容、說話方式、整潔感和表情等，並加以改進。如果是因為與人
接觸時會很緊張，那麼你更應該積極參加與陌生人交流的場合，積
累經驗。

你應當克服的課題，就存在於「理想」和「現實」的差距中。
這不是別人的人生，而是你自己的人生。每天一點一滴的積累，都
在成就自己。

POINT 為了活出「自己的人生」，必須靠學習和實踐
來完成「課題」，並養成這種習慣。

33 學了並實踐，才算真正的成長

將所學應用在實際行動

　　我已經年過六十，隨著年齡增長，我深切地體會到人必須「終身學習」。無論是作為自我成長的一環，或是為了成就「理想中的自己」、「對他人有幫助的自己」，保持學習和實踐的習慣非常重要。「不斷學習」的意義是「運用所學」，而「實踐」的意義是「將所學應用於實際行動中」。

　　單純站在學習者的角度，是一種非常輕鬆的生活方式，只要學習，你就能有成長的感覺，而且不必承擔責任。不過，只有學習，並不會真的帶給你成長。學習意味著改變，**唯有實踐才算完成真正的學習**。因此，請各位從「光學不用」的狀態中畢業吧。

不斷重複「自我察覺」的過程

　　實踐所學時，請記住下面這句話：「失敗者視之為失敗，成功者視之為學習。」

　　你是否每天都在用「贏了」、「輸了」來判斷日常生活中發生的事情？是否動不動就說：「我失敗了」、「我犯錯了」？

「光學不用」無法成長

學習讓人「感覺良好」，但是……

 學到了這種新知識！

 我又成長進步了！

 站在「學習者的角度」很輕鬆愉快，但「光學不用」無法成長。應該時時提醒自己「學以致用」。

當你實踐某件事，結果卻讓你覺得「輸了」或「失敗了」，請用肯定的語氣說：「我學到了！」並立刻尋找改善方法。但千萬不要誤解，這不表示「學到了」就可以放心。你應該在意的不是「放心」，而是「改善」。

如何才能「改善」呢？你必須先「自我覺察」。**當結果不如預期時，很多人會解釋為「失敗」，但我們應該把重點放在「從中學到什麼」。**如果你有明確的目標，就可以根據目標找到改進方法，而在這樣的過程中，你一定會發現新知識。

不斷重複「實踐→結果→學習→改善→實踐」這套過程，並建立「從所有事情中學習」的心態，這點至關重要。

 POINT 要運用所學，必得實踐所學。
實踐後，檢討並改善，然後立即實踐。

34 拋棄「主觀認定」，才看得到更多可能

▶ 意識到內心的「思考框架」

如果你想「把工作做好」，就該摒棄內心的偏見和固有觀念。你有這種情況嗎？例如，明明毫無根據卻一味認定：「我絕對是對的」、「這種想法不可能實現」、「反正交給他也是白搭」、「以常理來說根本不可能」等等。如果上司滿腦子都是這種「主觀認定」，下屬應該會很辛苦，因為這麼一來，**組織和團隊根本無法超越領導者的思考範圍，進而成長、發展。**

如果你是一名領導者，相信你也很難察覺到，這些「思考框架」如何阻礙團隊的成長和發展。因此，**有必要藉助讀書、聽取前輩的分享、接受諮詢或輔導等，讓你意識到內心的「思考框架」。**

▶ 以 200%的自己為目標

如果一直保持相同的想法和做法，思考範圍不會擴展。那麼，該怎麼做呢？我的建議是：以「150%或200%的自己」為目標。不是以「做得到」、「做不到」為準則，而是以「200%的自己」為目標，這表示用「目前的做法」不可能達成，必須有新的想法、

想要「把工作做好」，就要拋棄主觀認定

策劃和行動方案才行。正因為因此，設定大目標絕對有其必要。

此外，你會擔心「這樣做，失敗了會被嘲笑」嗎？**如果你勇於挑戰，即使失敗被嘲笑也不丟臉。最丟臉的是逃避挑戰，不斷找理由，什麼都不做。**不要再說：「我就是個○○的人」、「我一向都是這個樣子的……」，不要再根據過去的經驗把自己侷限在一個框架中。說這些話並把自己關起來，或許能避免挑戰而輕鬆一點，但請考慮一下，用過去的經驗來設個框架限制自己，摘去可能在未來發光發熱的潛力幼苗，這有多荒謬啊！我們都是富有潛力的生物。

POINT

「主觀認定」是「把工作做好」的一大障礙。
請拆掉「思考的框架」，
以「200%的自己」為目標。

35 投資自己，是人生最好的習慣

投資「時間」和「距離」，自然拉出差距

聽到「投資」兩字，你會想到什麼呢？是資產投資、股票投資、房地產投資之類的嗎？如果這些對你來說是必要且令你興奮的事，請盡管去做。

我想推薦的投資是「時間投資」和「距離投資」。時間是你可以自由運用的資源，因此你應該好好工作，也好好玩。除此之外，**你也應該投資時間來促進自我成長**。舉例來說，請想一想在接下來的五年內，你打算投資多少時間來自我成長？然後，請你安排出這些時間，依自己的意願投資下去。

我認為真正的「投資」，是你獲得的價值比你付出的金額還要高。如果你獲得的價值等同於付出的金額，那是「消費」；如果價值低於付出，那就是「浪費」。

閱讀書籍、參加研討會、接觸藝術、把時間和金錢投到興趣嗜好上，以獲得新的活力，這些都是促進自我成長的好方法。但如果你把金錢和時間花在那些，即使你認為是「投資」卻不會有效果的事物上，那就只是「消費」，甚至可能是「浪費」。

什麼是「投資」、「消費」、「浪費」？

建立好「投資以促進成長」的觀念，做好「勇氣的投資」。

投資

獲得的價值高於付出的金額或使用的時間。

消費

獲得的價值等同於付出的金額或使用的時間。

浪費

獲得的價值低於付出的金額或使用的時間。

只要覺得「需要」，就付諸行動

另一個重點是「距離投資」。如果你一直猶豫不決：「我想參加這個研討會，但地點太遠了！」那麼你永遠不會付諸行動。

不要考慮地點或距離，只要覺得：「這是我現在需要的！」就立刻行動。「知識的差距」很有限，但**「行動的差距」將會在日後產生巨大的落差**。

請建立好投資「時間」和「距離」的觀念，而這就是一種「勇氣的投資」。

POINT

投資「時間」和「距離」來獲得成長。
比起獲得知識，填補「行動的差距」更困難。

36 相信自己，
而不是一味期待他人認可

「自信」與「他信」大不同

「自信」一如字面上的意義，就是「相信自己」。換句話說，想要擁有自信，就不要在意他人的評價，只需相信自己即可。

有些人認為：「工作順利才會有自信。」但那不是相信自己，而是相信「工作的結果」罷了。**如果你認為：「得到他人的認可才會有自信。」那麼，你只是在相信他人，而不是相信自己。**同樣地，如果你認為：「有依據才能相信。」那麼，你只是在相信依據，而不是相信自己。

請好好想一想，這些都是「他信」，而不是「自信」。

常有人說「缺乏自信」或「無法產生自信」，事實上，自信不是「有或沒有」的東西，也不是「擁有或不擁有」的東西。如果你能「相信自己」，就能立刻擁有自信。但要怎樣才能相信自己呢？**你需要確信自己「正在邁向目標和理想」。**

想想相信自己的人

對一些人來說，「自己相信自己」可能太過抽象，難以想像。

「他信」與「自信」

他信

> 要是工作很順利、獲得別人的好評、拿出好成績，就能產生自信才對……

自信

> 收集資訊，檢討過去的經驗，然後產生自己的想法，並且徵詢別人的意見。這些我都做到了，好，展開行動吧！

> 要充滿自信地決定做任何事，就要建立一個觀念：「以沒有正確答案為前提，用你自己的方式收集資料，用你自己的方式善加思考。」

建議這些人可以想一想相信自己的某個人。

要擁有自信，並不需要討好很多人、獲得很多人的認可。公司的同事、前輩，甚至是家人或愛人都行，只要你感覺到有「某個人」喜歡你、認可你，你就可以擁有自信。即使只有一個人相信你，為了那個人，也請你務必好好相信自己。

POINT

要「相信自己」，
就要確信自己正在邁向目標和理想。

37 就算是「良性錯覺」，也能給自己力量

先採取行動，就能形成「確信」

正如之前提到的，自信並不是「相信自己做出來的結果」。要有自信，關鍵在於相信自己「做得到，而且有做到底的力量」。換句話說，「沒有根據的自信」十分重要。

當然，「沒有根據的自信」在某種程度上就是一種「錯覺」。不過，**如果你能夠產生「我做得到」、「我能做到底」等自我肯定的錯覺，你就能夠毫不猶豫地立刻展開行動**才對。

因此，一開始是「錯覺」完全沒關係。這種「沒有根據的自信」會成為你全力發揮所長的「源頭」。

先採取行動，只要看到成果和結果，這種「錯覺」將轉變為「有根據的自信」，並成為你的「確信」。但在這個過程中，如果過度自滿，認為「我都做得到」，你的成長就會停滯不前。因此，不要陷入安逸或自滿，應該馬上利用「下一個錯覺」來展開行動。

透過實踐，讓錯覺成真

可以說，我們都是透過「錯覺」來建立自己的。當然，比起不

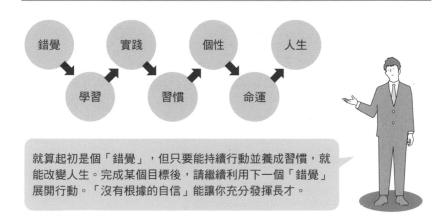

「沒有根據的自信＝錯覺」會改變人生

錯覺 → 學習 → 實踐 → 習慣 → 個性 → 命運 → 人生

就算起初是個「錯覺」，但只要能持續行動並養成習慣，就能改變人生。完成某個目標後，請繼續利用下一個「錯覺」展開行動。「沒有根據的自信」能讓你充分發揮長才。

好的錯覺，良性的錯覺才能帶給你幸福。

請你保持積極的錯覺，想像已經實現目標和理想的自己，然後確信「我做得到」。養成這種習慣後，有一天驀然回首，你應該已經成為那個「理想中的自己」了。

儘管一切可能起源於一個錯覺，但如果你能將它轉化為學習，加以實踐並養成習慣，它將變成你的個性，而個性會塑造命運，改變你的人生。而且，當你再次擁有新的錯覺時，你的舞台也會提升一級。沒有根據的自信，能讓你充分發揮長才。

POINT
抱持「良性的錯覺」，深信「我做得到」，
然後不斷地學習和實踐。

38 「可能」，總是出現在極限背後

心理上的極限，會因生活方式而不同

經常聽到有人說：「這就是我的極限了」、「我頂多到這裡，不可能再多了」，但是，這個「極限」究竟是以什麼為標準呢？

恐怕每個人感覺到的「極限」標準都不同，沒有明確的定義或共同準則。當然，物理上的「極限」是存在的，例如，男性不能生孩子，人類不可能在不使用滑翔機或飛機等工具和機器的情況下飛翔。但除了這些物理上的極限，決定其他「極限」的是人的心理。

許多人都是根據自我形象來設定「極限」，因此，對自己寬容的人，他們的極限會「較低、較近、較快達到」；而對自己嚴格的人，他們的極限會「較高、較遠、較慢達到」。

換句話說，**所謂的「極限」只是自我想像的極限、心理上的極限，它會因人們不同的「生活方式」而有所不同。**

極限，是通往「無限」的起點

自我想像所設定的「這就是極限了」、「不可能再多了」，其實意味著「還有進步空間」。因此，請告訴自己：「我還可以」、

向超越極限挑戰

「自我的極限」不過是你當下感受到的情緒上的屏障。在這道屏障後面，是一個充滿「可能性」的無限世界。

這就是我的極限了。

我頂多到這裡，不可能再多了。

我還可以！

這不是我的極限！

「這不是我的極限」而繼續挑戰，超越自我的極限。

所謂豐富的人生，指的是**依照自己的想法過生活。為了實現這一點，我們不應該侷限於「自我的極限」，應該依照「自己的可能性」來生活。**

「自我的極限」是你當下感受到的情緒上的屏障，而「自我的可能性」是那道屏障外無限寬廣的世界。換句話說，**你當下感受到的「極限點」，其實是通往無限世界的「起點」。**請以內心的極限為起點，選擇追求自我可能性的人生吧。

POINT

決定「極限」的是你的心。
而你心中的「極限點」，
正是通往無限世界的「起點」。

39 人唯一能比較的，只有昨天的自己

與「條件不同的人」比，一點意義也沒有

如果有個人是你一時的競爭對手，那麼何不跟他好好互相刺激、切磋琢磨呢？如果有個人讓你產生「我絕對不想輸給他」的念頭，那就付出比那個人多一倍的努力吧。但如果不是這樣的人，你拿自己跟他比較、競爭，實在一點意義都沒有，別再這樣做了。

學生時代，我們每個人都在幾乎相同的條件下競爭。當然，同一年級的學生之間，成長環境、能力、技術和經驗等各方面或有差異，但以體育為例，相關規則是以一群高中生或一群大學生為條件制定的，再透過比賽來決勝負。

然而，進入社會後，這種「相似的條件」已不復存在。況且，**拿自己和「條件不同的人」相互比較、競爭，根本毫無意義。**

你是否超越了昨天的自己？

明明條件不同，人們卻喜歡互相比較和競爭，後果就是塑造出「錯誤的自我負面印象」，使自己處於不必要的緊張狀態，甚至受挫沮喪。

與「過去的自己」比較

今天的自己，是不是比半年前的自己更加勇於挑戰？

今天的自己，是不是超越了昨天的自己，哪怕只有超越一公分？

今天的自己，比一年前的自己增加了多少經驗？

一年前

半年前

昨天

和過去的自己比較，常常思考「我今天可以做的事」，明天的自己必會成長進步。

此外，或許你周圍的人會不負責任地給你貼上「新進員工」、「到職第三年」、「中階員工」、「資深員工」等標籤，你無需為這些名詞感到困擾。每個人的身分都是社會人士、公司或團隊中的一員，都是在「不斷成長」的階梯上，一階一階地往上爬。

那麼，什麼事情會拉大彼此的差距呢？答案是：爬樓梯的速度。無論是新進員工或到職第三年的員工，都不必去管「跟別人比起來是怎樣」，只要全力往上爬就好，不需要跟別人並肩前進。因此，請下定決心：「先提升自己！」**如果你非要進行比較或競爭，就與「昨天的自己」競爭吧。**

POINT

每個人的條件和成長速度都不同。如果一定要比較和競爭，就與「昨天的自己」競爭吧。

40 你的玻璃心，
來自不願承認弱點

真誠地面對自己

不需要隱藏自己的「弱點」，相反地，你應該積極地與這樣的自己相處。不論是哪一方面的自己，你都不要逃避，也不要掩飾，唯有正面直視自己的「弱點」，才能成為「更強大的自己」，因為**努力就是要真誠地面對自己。**

此外，之所以應該承認「弱點」，原因不只是為了自己而已。在這個世界上，總有人能夠深刻地理解你，但如果你一直試圖美化自己，那麼這樣的人是找不到的。

只有當你展示出「全部的你」、「原本的你」，那個深刻理解你的人才可能出現。只有當你用「原本的你」來與人相處，對方才會真正理解你，否則對方將永遠在「你是一個○○的人」的前提下和你來往。

直面弱點，才能更強大

暴露自己的弱點、千仇萬恨、敏感之處和討厭的一面，對每個人來說都是很可怕的事。不過，即使懷著提心吊膽的心情也無妨，

直面自己的「弱點」

唯有正面直視「自己的弱點」，才有可能克服這個弱點。

敏感

千仇萬恨

忍耐力不足

焦慮

嫉妒

當你向「理解自己的人」揭露自己的全部時，你的世界觀肯定會改變。總有一天，你會感到從心底獲得真正的救贖。為此，你必須真實地生活在自己的本來面目中。

我認為在人際關係中，沒有所謂的是非對錯。那麼有什麼呢？有的是「容易破碎的玻璃心」。因此，**與其責備別人，不如承認自己的不足**。而且面對任何人都一樣，請你用盡自己所能的方法，用盡自己所有的時間，全力追求充實的人生，不留遺憾。

POINT　承認自己的「弱點」，不要美化自己，
　　　　應以真面目與人交往。

41 越受歡迎的人，越能環繞在好運中

你是受歡迎的人嗎？

你認為自己是一個「受歡迎」的人嗎？要得到他人的好評，當然需要做出「良好的結果」。而且，要提高自己的受歡迎程度，不僅需要做出結果，還需要成為他人期望的對象。那些不受上司期待的下屬、不受客戶或股東期待的企業，不可能幸福。

也許有人會說：「我不在乎別人的看法。」但我認為，真正能夠說這種話的人，其實已經在人生中做出一定的成就和成果了。

「受歡迎」是最厲害的隱形能力

即使你說「我不在乎別人的看法」，但人類依然是「社會動物」，不要忘記，只有在受到他人的好評時，我們的存在才會產生價值。

因此，請記住以下的「不幸的三個定義」：「不受他人重視的人」、「不能感恩的人」和「不被感恩的人」。

幸福的人是那些在工作、家庭、朋友圈中，都「獲得別人的期望而受歡迎的人」。那些被認為「在不在都沒差」、「不在還比較

「不幸的3個定義」是什麼？

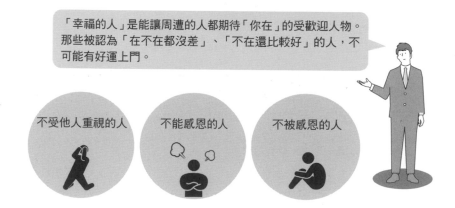

「幸福的人」是能讓周遭的人都期待「你在」的受歡迎人物。那些被認為「在不在都沒差」、「不在還比較好」的人，不可能有好運上門。

不受他人重視的人

不能感恩的人

不被感恩的人

好」的人，不太可能有好運上門。

「受歡迎」這種看不見的東西，才是最厲害的能力。因此，首先要努力成為那種讓人說出「有你真好」、「和你在一起能學到不少東西」，或是「有你在，我就更有動力」的人。

目前的你，身邊應該也有幾個能說出這種話的人才對。請再繼續一個一個地增加這樣的人吧。沒問題的，只要隨時提醒自己：「讓眼前的每個人都開心。」總有一天，你的粉絲數會越來越多。

為了學會「受歡迎」的能力，請隨時提醒自己：「讓眼前的每個人都開心。」

42 清理大腦！
睡前一儀式必做

入睡後大腦還在工作

當你入睡時，你的大腦依然在工作。因此，入睡前的「情緒」和「想像」，對睡眠品質和隔天的表現，有著重要的影響。

「入睡前的 10 分鐘」，與「早上醒來後的 15 分鐘」（請參考第 50 頁）一樣，是大腦的黃金時間。在這個重要的「入睡前」時刻，我建議各位養成**利用「睡前一句話」來清理大腦的習慣。**

當然，說句「晚安」也很重要，但請再多加一句能給大腦好印象的話，並且實際說出口。例如，我每天晚上都會跟自己說：「今天又是美好的一天，謝謝你。明天也是美好的一天，謝謝你。」

這是一種「對今天的感激和對明天的斷言」，因此我連明天的事都刻意用過去式的語氣來表達。每天都會發生各式各樣的事情，有好有壞，但不管發生什麼，我都會用這句話來總結。

對大腦來說，接收到的話語並無「真話」、「假話」之別，它會把一切都當作真實對待。因此，即使是謊言，我也會刻意說出正向積極的話語，不讓大腦感到不安。我把這種習慣稱為「大腦的清理作業」。

清理大腦的方法

不只是將肯定的話語說出口而已，也可以寫下來，清理大腦的效果會更好。

❶ 寫出今天發生的「好事」。

TIP

越是負面的一天，越該多多寫出「好事」。

❷ 寫出「今天應改善的地方」。

TIP

越是正面的一天，越該多多寫出「應改善的地方」。

❸寫出「明天的對策和決心」。

TIP

對策和決心不能用「我想要～」的方式，應用「我要～」的方式來表示心意堅決。

🔍 睡前最後一句話，決定隔天的狀態

　　在進行大腦的清理作業時，需要注意一點，那就是說完「關鍵的一句話」後，就要上床好好睡覺。假設說完關鍵的一句話後，接著又加上「唉～唉～」、「但是啊～」等否定話語，就前功盡棄了。如果不小心說出了否定話語，請立刻重新說出那個「關鍵的一句話」。

　　對大腦來說，入睡前的最後一句話至關重要。如果在入睡前說出否定話語，那麼在你入睡那段時間，「但是啊～」等否定話語會在潛意識中不斷盤旋，導致第二天早上在負面思考的狀態下開機。

POINT　透過在入睡前說出正向積極的話，可以將積極的印象植入潛意識中。

「早安」的神奇力量

讓自己一早就心情好好

你今天早上有沒有真誠地對別人道「早安」呢？問候是為了讓對方精神振作，也是為了敲開對方的心靈之門，進而建立關係。特別是早上的問候語「早安」，對當天的心情和氣氛都能產生重大的影響。

「一早就心情不好」不僅影響到自己，還會危害到周遭的人。因此，**應避免在早上說出「不好的話」或「負面話語」**。最好能說出有益對方的話、讓對方產生積極思考的話，以及讓對方感到開心的話。

問候也意味著體貼對方。當你的關心傳達到對方心裡時，對方也就能理解你的用心。因此，每天早上盡量對遇到的每個人，都說一句「早安」吧。

如果你想招來好運，更應從問候開始。透過早上的一句問候或是攀談的一句短語，就能讓對方感到精神一振。奇妙的是，僅僅這麼一句話，甚至只是短短幾個字，有時候就能給對方帶來力量。

第 5 章

〔增值力 UP!〕
學高績效人才提升自我

做出成果的人,都是先考慮「該怎麼做能達成目標」,

然後採取行動。為了做出成果,「享受工作」的態度也很重要。

工作時,難免會發生各種狀況、碰上各種麻煩,

這時候仍要冷靜以對,

打造出「可以靈活應付各種變化的自己」。

43 時時把「目的」放心上

► 隨時思考「做這件事的目的」

做出結果的人、取得好成績的人，都有一個共通點，那就是「做該做的事情」、「做就對了」。雖然這是眾所周知的道理，但有時人們還是會不小心忽略這一點。

隨時告訴自己「做這件事的目的為何」，思考如何讓自己成長，無論面對什麼「事情」，課題也好、工作也罷，全都勇於挑戰。這樣的人，最終一定會做出成果。

因此，不僅是剛出社會的年輕人和新進後輩，連前輩、進公司三至五年的中階員工、管理階層，甚至是公司老闆，作為公司的一員，都需要清楚認知社會和同事對自己的「期望」。

► 工作的價值不在工作本身

諾貝爾和平獎得主馬丁・路德・金牧師曾經說過：「如果你是一名道路清潔工，那就做最優秀的道路清潔工。像米開朗基羅雕刻、貝多芬作曲、莎士比亞寫戲劇一樣，徹底清潔你的道路。當你去世後，所有人都會記得你是一名出色的道路清潔工，就像記住那

隨時提醒自己「為何而做」

要做出工作成果，就要隨時提醒自己：「我做這個工作的目的是什麼？」

目前，公司、上司、同事和社會，對我的期待是什麼？

些偉大的藝術家一樣。」

工作的價值和意義不在工作本身，而是由「哪個人、用什麼方式完成它」來決定。世界上沒有無聊的工作，只有把工作看成無聊的人。同樣地，沒有毫無意義的工作，只有將工作看成毫無意義的人。要享受生活，就要懷著創造意義和價值的態度去對待工作。

POINT 世界上沒有無聊的工作。
工作的價值是
由「哪個人、用什麼方式完成它」來決定。

44 不是完成就好，還要對「成果」抱持使命

「使命感」有 2 種

你對工作抱持什麼樣的使命感呢？使命感指的是想達成任務的感覺和氣概。

使命感有兩種類型。第一種類型是「對工作的使命感、責任感」。例如「完成被交代的事情」、「好好把事情做完」等動機和觀念。第二種類型是「對成果的使命感、責任感」。例如「為了達成目標，我下了這樣的工夫來貫徹到底」、「透過這次的專案，我成長進步了，我要把這個經驗用在下一次的任務上」、「我們全隊團結一心，終於達成目標了」等動機和觀念。

如果只重視對工作的使命感和責任感，很容易產生「我都做這麼多了，夠了吧」的想法，而自我滿足。但事實上應該像第二種類型那樣，**只有做出成果，才算完成使命和責任。**

經常思考「該怎麼做會更好」

使命感和責任感通常是在人際關係中產生的。如果沒有對公司的歸屬感、對上司的尊敬、對家人的愛和情感等，人們會變得不負

「使命感」的 2 種類型

對工作的使命感

我都做這麼多了，夠了吧！

對成果的使命感

該怎麼做會更好？

「只有做出成果，才算完成使命和責任」，這個想法極為重要。經常反省自己，經常思考：「還需要什麼才能變得更強大、更好？」然後採取行動。

責任，能力也會迅速下降；反之，如果經常思考「該怎麼做會更好」，就能持續投入，不斷努力。

因此，你應該經常反省自己，經常思考：「還需要什麼才能變得更強大、更好？」然後採取行動。**換句話說，對於每一個行動，都要思考「實現目標的必備條件」，這點至關重要。**

請各位好好反省自己，然後懷著使命感逐一完成工作吧。唯有追求並達成目標的人，才可能獲得優秀的能力和個性。

POINT 不是抱持對「工作」的使命感，而是對「成果」的使命感。思考「實現目標的必備條件」。

45 傾聽內心，
過上想要的人生

幸運的人都重視直覺

為了拿出更好的工作表現，請設定夢想和目標。如果沒有夢想和目標，生活不會充滿期待感和幸福感；在這種情況下工作是毫無意義的，也難以持久。例如，**工作上面臨「該選擇哪一個？」的時候，建議你直覺地選擇，能讓你感到興奮和「能做得很開心」的那一個**。原因很簡單，這樣做可以提高你的動力。

幸運的人都重視直覺。當然，「靈感」來了可以立即行動，但是，幸運的人在這之前會稍加思考：「這個選擇真的對嗎？」任何人在做重要的抉擇時，內心都會有幾分糾結，有種「感覺不太對勁」或「這樣真的沒問題嗎？」的不安。幸運的人會先思考這種糾結的原因。換句話說，他們已經養成傾聽自己心聲的習慣了。

不確定這是否有科學依據，但就我的經驗來說，直覺通常都很準。我想，我們的潛意識中一定有個「理想中的自己」，當這個自己發出「我想要變成這樣！」的呼喚時，就成了我們的直覺吧。

不斷學習，直覺會變得更敏銳

持續學習能讓「直覺」更加敏銳

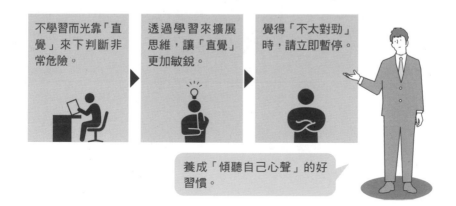

不學習而光靠「直覺」來下判斷非常危險。

透過學習來擴展思維，讓「直覺」更加敏銳。

覺得「不太對勁」時，請立即暫停。

養成「傾聽自己心聲」的好習慣。

　　世上沒有「什麼都懂的人」，因此無論你處於什麼狀態，不管你多大年紀，都需要繼續學習。

　　不僅要學習你感興趣的領域，有時還要學習一些不感興趣的事情，來擴展思維。此外，要向每個人學習。**透過不斷學習，你的直覺才會更加敏銳。**

POINT

直覺是內心在吶喊：「我想變成這樣！」
應該好好傾聽自己的心聲，持續不斷地學習。

46 在工作中「找樂子」，更易進入心流狀態

轉換「不得不做」的念頭

你是為了什麼而工作呢？當被問及這個問題時，很多人會回答「為了生活」或是「為了賺錢」，當然，我也一樣。

但是，如果將眼前的工作解釋成「為了生活」而「不得不做的事情」，我們會變得「不情願」，失去動力，無法發揮創造力；如果將眼前的工作解釋成「有趣的遊戲」，我們會感到「興奮」，能夠提出新的想法，發揮創造性，持續積極進取。這個觀點適用於任何工作。

因此，請試著將你目前正在進行的工作，當成一個「遊戲」吧。這麼一想，你應該會激發出更多想法，例如：「再設法做做看」、「可以改變一下，然後應用在下一次的工作上」。

心態會決定心情

沒有遊戲精神的工作毫無意義。豈止如此，覺得「被迫」而帶著不情願的心情去做，只會對身心造成傷害。

例如，有些人認為「工作總是令人疲憊」，但如何快樂地投入

把工作看成「有趣的遊戲」

工作是「不得不做的事情」。

↓

大腦產生「不情願」的感覺。

↓

失去幹勁、想法、創造性。

把工作看成「有趣的遊戲」。

↓

大腦產生「興奮」的感覺。

↓

產生幹勁、想法、創造性。

把工作看成遊戲，全心全意投入後，自然會變成「有趣的事情」。

工作，其實取決於個人的觀點和思考方式。光是「如何看待工作」這點，不但可以改變心情，投入的情況也會大不相同。

因此，保持身心平衡十分重要。應該**在工作中尋找樂趣，注入遊戲精神**。然後，全心全意地投入工作，做完後，也要全心全意地放鬆娛樂。**不要因為有趣才努力去做，而是努力去做才能讓工作變得有趣。**

POINT

不要把工作看成「不得不做的事情」，
而是看成「有趣的遊戲」，才會做得開心。

47 光是站在原地，無法看到全景

⚲ 以「某人的觀點」來思考

在進行工作時，養成「以任何人的觀點」來看待的習慣，也非常重要。「以任何人的觀點」意味著「改變視角」。例如，**上司、公司高層、同事、客戶等，不分男女老少皆可，試著將自己代換成這個與你有關的「某人」，用他的觀點來看待眼前的課題或事情。**

不光用自己的觀點，還要用各種不同角色的觀點來感受、思考、想像，這樣就能看出工作和業務的價值，及其他不可忽略的重要事項。

例如，對於上司說的話，你的想法是：「又在說同樣的事情」、「又來了」；或者採取不同的觀點思考：「為什麼會一再講同樣的話呢？」兩者將得到完全不同的結果。

這種改變觀點的做法，對擴展視野也很有效。不要只關注你面前的辦公桌、電腦和工作，還應該特別關注你所屬的部門、你手上工作前一階段和後一階段的負責人等，才能更加理解整個工作情境，以及別人如何看待你。

改變「觀點」、「視野」、「視角」

改變觀點

該怎麼做才能領會上司的指示呢？

改變視野

不能光看自己的工作，還要縱觀團隊的整體狀況。

改變視角

不是用「自己的立場」，而是用「部長的立場」來思考。

看事情的方法不只一個。請養成從不同角度看待「自己的工作」的習慣。

眼中的風景，來自站立的高度

你從目前所站的角度，只能看到眼前的人而已；如果有人從二樓看過來，不但能看到你和你眼前的那個人，還能看到其他風景；如果有人站在五樓或是十樓來看你們，會看到什麼樣的風景呢？當然，肯定會看到你們兩人及視線內的所有風景。

這就是利用「座標軸」來想像各種不同的視角。首先是「自己本身」座標，接著是「我們部門」，然後是「所屬公司」，再擴及「業界」、「社會」座標。你通常站在哪個座標看待工作？

如果整個團隊都能將自己的座標軸提高一個層次，共同觀察、思考和行動，那麼最強大的團隊就會誕生出來了。

POINT

透過「改變觀點」來尋找課題，
透過「提高視角」來縱觀工作的整體樣貌。

48 數字化能明確目標，達到有效溝通

☞ 避免訂出含糊的期限

被稱為「能幹的人」，或是能達成任務、做完工作的人，通常不會使用「改天再做」或「盡力而為」這類模糊的言辭。相反地，他們會**具體說出自己會在什麼時候完成**，例如：「我馬上處理」、「我會在○○日之前做完□□」。特別是在工作中，設定「何時之前做完某事」的期限非常重要。

雖然這種說法有點極端，但正因為有「絕對不可能妥協的期限」，事情才得以進展。因此，如果你經常不自覺地使用「改天再做」這種模糊的字眼，建議你戒掉，然後養成用「在○○日之前做完□□」等說出明確期限的習慣。

☞ 在對話中帶入「數字」

工作建立在「約定」上，無論是與上司和同事的內部約定，或是與廠商和顧客的外部約定。而且，具體的約定有助於把握狀況，可以給對方安心感。

為此，除了期限之外，**在對話中「帶入具體的數字」**的做法也

具體表達出期限和狀況

當被問到：「什麼時候可以做出來？」　當被問到：「工作的進度」時

我會想辦法做出來。

我會在15日交出來。

沒問題。

已經完成百分之八十了。

請注意，不只在下屬回答上司或向上司報告時，當上司向下屬做出指示時也一樣，如果用「加油」、「想辦法解決」這種模糊不清的話語，無法達到有效的溝通。

很有效。舉例來說，當上司問你：「我要的那份報告進度怎麼樣了？」如果你回答：「沒問題」或「很快就可以交出來了」，對方可能會不耐煩：「沒問題是什麼意思？」「很快是多快？」在這種情況下，你可以直接表明期限：「我會在○○之前交出來」，或者用數字說明情況：「已經完成了百分之九十」，才能讓對方安心。

　　此外，如果只是設定「提高業績」或「增加推銷活動」等目標，而沒有確切的數字，會不知道該做到什麼程度。但如果具體設定出數字：「將業績提高一倍」或「將推銷訪問次數增加到一‧五倍」等，目標就會十分明確，而更容易採取行動，也會提升幹勁。

POINT

與人溝通時，應具體表達「在○○日之前完成□□」，以及明確說出「具體的數字」。

49 成熟職場大人，都能做到情緒穩定

情緒化解決不了任何事

我年輕時，經常聽我的恩師說：「不要煩惱，要好好思考！」當時的我沒能完全理解這句話的意義，但最近我終於理解，並且能夠做到了。

不要煩惱而要思考，意味著不要讓自己變得情緒化。不要哭泣、大聲喊叫、嘆氣沮喪，而要保持理性，平常心對待。動不動就感情用事，抱怨別人、數落別人，都是毫無意義的行為，只會將自己的大腦置於最差狀態。

即使事情不如預期，也應該聽從理性，默默地、平靜地思考「應該怎麼做」。

打造「勇於接受變化的自己」

工作上，越是認真以對，就越可能遇到各種障礙和逆境。當然，有時會感到震驚、氣憤。這種「氣憤」可能是針對自己、針對他人，或者針對環境和當下的情況。這時，我們的大腦會開始進行分析。**無法克服逆境的人，在這個階段會對發生的事故或麻煩加以**

「情緒化的人」與「理性的人」的差異

情緒化的人	理性的人
發生問題	發生問題
排斥並逃避，怪罪環境或別人	接受，冷靜思考對策
不再挑戰，喪失自信	下次碰上同樣的狀況也能好好應對
下次碰上同樣的狀況就又開始逃避	碰上新的障礙或逆境時，會用這套模式加以克服

不論碰上什麼樣的障礙和逆境，都要冷靜地接受，並思考「機會」（參考第 30 頁）。這麼做能給大腦正面的影響，進而產生「我要繼續努力」的意志。

排斥。而排斥過一次後，下次遇到相似的情況就會再次選擇逃避，停止挑戰，並且失去信心。

那麼，當面對障礙和逆境時，應該怎麼做呢？答案是「接受」。這樣一來，大腦就會重建，產生新的「我要努力下去」的意識，下次遇到相似的情況時，就能再次挑戰。

今天，社會需要的是能夠因應未來急遽變化的能力。因此，**不要只打造「能夠應付當下狀況的自己」，而是要打造出「勇於接受變化的自己」**。

POINT 情緒化只會對大腦產生不好的影響，應該聽從理性，思考「應該怎麼做」。

50 優先考量「他人」，「自己」反而更能成長

志向與野心不同

「志向與野心不同。志向是為了世界、為了世人，而野心是一種私利私欲。以野心完成的事情，頂多一代就會消失不見，但志向必會傳承下去，不斷出現有志一同的人。」這是 SBI Holdings 公司 CEO 北尾吉孝的名言。

我們生而為人，走自己的人生道路，並在最終迎向死亡。這三點是所有人都會經歷的過程。不過，懷抱的志向不同，結果也將不同。換句話說，你有沒有志向，將決定你在死後是否繼續活在人們的心中。

因此，**不要浪費有限的時間，應該不斷思考可以為周圍的人和社會「貢獻什麼」，然後付諸實踐。**

想想你可以為他人做些什麼

前面提過，不知如何選擇時，應選擇「讓人感到興奮的選項」（參考第 110 頁）。除此之外，我再提供一個方法。那就是「**選擇能貢獻更多人的選項**」。

選擇能貢獻更多人的選項

 比起自己應優先考慮團隊成員

 比起團隊成員應優先考慮所屬部門

 比起所屬部門應優先考慮公司整體

 比起公司整體應優先考慮業界整體

 比起業界整體應優先考慮社會整體

懷抱崇高的志向，才能開心地工作。當你為別人做事時，對方必會回應你。

不要先有「好麻煩」、「好花時間」、「不合理」、「這個比較累」等情緒，而是比起自己優先考慮「團隊成員」，比起團隊成員優先考慮「所屬部門」，比起所屬部門優先考慮「公司整體」，比起公司整體優先考慮「業界整體」，比起業界整體優先考慮「社會整體」，像這樣以能貢獻更多人的選項為判斷標準。

按照這個判斷標準，就不太可能犯下大錯。我在工作上接觸到許多克服重重困難，最後事業成功的企業家，這些對社會創造價值的人士們都有一個共通點，就是堅持以「選擇能貢獻更多人的選項」為判斷標準。**優先考慮「為了大家」而不是「為了自己」的思考習慣，會讓你和你的工作雙雙獲得成長。**

POINT

不知如何選擇時，選擇能讓你感到興奮的。
優先考慮「為了大家」而非「為了自己」。

51 拿得出成果，就是因為目標很明確

有目標，才能使出幹勁

成功的人，都是有「明確目標」的人；成功的組織，都是有「明確目標」的組織。你和你的團隊、公司，都已經確定好「為了什麼」、「什麼時候」，以及「要做出什麼成果」了嗎？為了實現這些目標，已經確定好需要什麼樣的人才，或者已經確定好要培養什麼樣的人才了嗎？

我經常聽到一些領導者或企業主說，他們「想開一家很棒的公司」，或者「想要培養人才」，但當我問他們下面的問題時，很多人感到困惑：「培養人才、開一家很棒的公司，這麼做的目標是什麼？」

沒有明確目標的馬拉松長跑很痛苦。如果不知道要跑到什麼時候、跑到哪裡、怎麼跑才好，不會有人跑得下去。因此，**不論是你個人還是團隊、公司，都要努力確定「以什麼為目標」，以及「這個目標的意義」。**

沒有目的地的馬拉松很痛苦

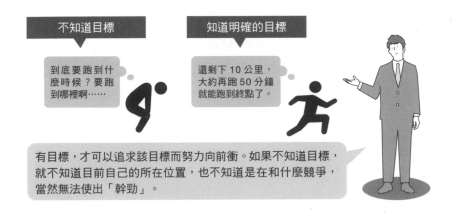

沒有目標的馬拉松長跑很痛苦

不知道目標

到底要跑到什麼時候？要跑到哪裡啊……

知道明確的目標

還剩下 10 公里，大約再跑 50 分鐘就能跑到終點了。

有目標，才可以追求該目標而努力向前衝。如果不知道目標，就不知道目前自己的所在位置，也不知道是在和什麼競爭，當然無法使出「幹勁」。

話雖如此，要設立明確的目標並不容易，而且，追求的「目標」會根據情況和時機而改變。因此，有時候可能無法設定人人皆能共感和共享的目標。但透過思考「以什麼為目標」以及「這個目標的意義」，或許可以找到「工作的意義」和「人生的意義」。

此外，也請你透過設定目標這件事，反省一下自己都是怎麼展開行動的。

光憑「自認已經下定決心」，不會感動任何人。這個「任何人」也包括你自己。個人和組織都難以在毫無明確「目標」的情況下，變得更幸福快樂。

POINT 沒有目標的馬拉松長跑十分痛苦。
設定明確的目標，才能讓自己和別人都動起來。

52 你不是失敗了，只是還沒成功

早點失敗早點好

在第二章中，我介紹了一句矽谷圈常聽到的名言：「早點失敗早點好」，其他還有各種相似的說法，例如：「失敗是創新的過程」、「失敗為矽谷成功之母」、「是否視失敗為財富，是創業家能否成功的指標」。

認為「想做的事情→挑戰→有可能失敗」很正常，在「失敗也是一個好機會」的環境中成長的人，未來將充滿無限可能。

反之，在「失敗是不好的、不會被社會接受」的環境中長大的人，很遺憾，應該很難培養出「創業家精神」，也很難創新。

你是處在哪一種環境呢？如果你是擔任管理職或企業主，你給你的員工提供了哪一種環境呢？

失敗＝贏得了新的挑戰

或許因為日本有一種「恥辱」文化吧，我們過去傾向於將失敗視為「恥辱」。然而，在這個變化迅速的時代，我們應該將「早點失敗早點好」當成廣告標語，善加運用才對吧？

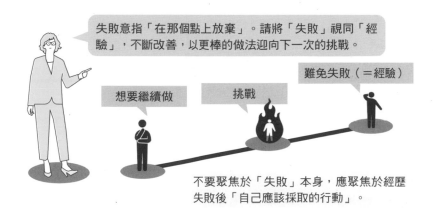

「失敗」＝「經驗」

失敗意指「在那個點上放棄」。請將「失敗」視同「經驗」，不斷改善，以更棒的做法迎向下一次的挑戰。

難免失敗（＝經驗）

想要繼續做   挑戰

不要聚焦於「失敗」本身，應聚焦於經歷失敗後「自己應該採取的行動」。

雖然不是什麼值得引以為傲的事，其實我自己也經歷過許多次失敗。如果要講我的失敗談，可能二十四小時都不夠。這些豐富的失敗經驗，如今回想起來全是美好的回憶、有趣的故事，更是寶貴的學習教材（但當時的我還不能完全這樣轉念）。不過，**如何看待這些情況和經驗、如何應用到下一次的挑戰中，完全取決於自己。**

事實只有一個，但看待事情的觀點可以有一百萬個。看待事情的習慣，即每天、每時每刻接收訊息的習慣，都在塑造你接下來的言行。

POINT

害怕「失敗」會讓人不再挑戰。
如何看待「失敗」，如何應用到下一次的挑戰中，完全取決於自己。

53 思緒清楚的人，都善於丟東西

⚡ 訂立明確的「丟棄標準」

「能幹的人」或「工作迅速的人」都有一個共通點，就是很擅長整理術，或者說，他們本來就「沒有什麼東西」。恐怕這樣的人不只能做到斷捨離，還能依自己的標準丟棄不需要的東西。由於標準明確，他們一開始就不會保留或堆積東西。

過去，我也是一個難以丟棄物品的人，我常常想著：「這些東西可能還用得到」、「也許下一次有類似的案件就能派上用場，丟掉太可惜了」。然而，現代社會要什麼有什麼，而且環境和各種情況都以驚人的速度變化著。技術革新速度不斷加快，噪音也變得越來越多。

在這樣的時代，你把東西都保留下來，日後用到的機會幾乎為零。

⚡ 不要什麼都留下來

你的辦公桌周圍是什麼情況？是一個「可以立刻開始工作！」的環境嗎？如果東西太多，你會難以立刻開始工作。**當進入眼簾的**

「能幹的人」善於整理

<table>
<tr><td>不會整理</td><td>很會整理</td></tr>
<tr><td>不知從何整理起？</td><td>這兩個小時都專心做這件事！</td></tr>
<tr><td>進入眼簾的東西太過雜亂，無法馬上決定「現在應該做的事」。</td><td>進入眼簾的訊息較少，可以單純地專心做「現在應該做的事」。</td></tr>
</table>

整理東西的習慣，最適合用來培養「判斷此時需要什麼」的能力。

東西太雜亂時，你會無法立即選擇要做的事情。

　　畢竟當東西太多時，所有的視覺訊息都會進入大腦，自然難以專注在應該做的事情上。因此，請先努力做到「不再把所有東西都堆積起來」。

　　擺脫「留下來可能有用」的想法，盡量減少辦公桌上的東西，養成整理書架及書桌的習慣。這樣做的話，你的辦公效率和業務成果將會看到改變。

POINT

「能幹的人」善於整理，東西較少。
養成整理辦公桌的習慣，可以提高工作效率。

54 遵守與自己的約定，好運就會來敲門

工作意義是自己創造的

你是抱持怎樣的想法面對每天的工作呢？你能堅定地說：「我懷著信念投入工作」嗎？請先思考清楚：「我的工作信念是什麼？」思考自己是否有藉工作來實現某些事情的願望，或者是否有「我希望這樣做」的想法。

這個問題沒有「標準答案」。你腦海中浮現的答案就是了。例如，「想要提高工作的品質」、「想要多跟同事和周圍的人交流」，只要是你目前想實現的事情都可以。然後，**工作時不能腦袋空空，一定要提起「工作信念」，全心全意投入。**

因為，工作意義是自己創造的。

如何讓大腦進入「愉悅」狀態？

本書前面提過的西田文郎老師，他將享受勞苦和努力的能力稱為「苦樂力」，寫道：「享受勞苦和努力有一些小訣竅。為什麼成功的人能夠忍受痛苦？因為他們有明確的目標和目的。**當你對自己有信心時，大腦會進入『愉悅』狀態，因此你能夠享受痛苦**，並且

什麼是「認真」？

「認真」就是遵守「與自己的約定」。當旁人感受到你的「認真」時，你的「好運」就會自動來敲門。

❶ 自己決定

做吧！

❷ 堅持不懈

貫徹到底！

❸ 工作變得有趣

好興奮！

❹ 周圍的人關心你

我們來幫忙！

持續成長進步。」

無論你自認「我是這麼認真在工作」，但周圍的人如果感受不到，表示你的認真程度還遠遠不夠。

（1）自己決定，（2）堅持不懈，（3）工作變得有趣，（4）周圍的人關心你。

當你達到前面三個狀態時，周圍的人自然會開始關心你，並且詢問：「有什麼我可以做的嗎？」「需要幫忙嗎？」到這個階段，表示你的「認真工作」已經讓周遭的人知道了。

POINT

只有相信自己並努力做事的人才能獲得回報。
只要「認真工作」，周圍的人自然會關心你。

消息滿天飛，
但「事實」只有一個

不要盲目地相信和懷疑

　　我的座右銘是：「不要盲目相信，也不要盲目懷疑。」為此，我會盡可能地親自觀察、聽取、接觸和感受事物，來加以確認。

　　世界充滿了各種訊息，但這些訊息有時可能是單方面的。例如，出於訊息發布者的私利，訊息的內容和傳遞方式可能帶有色彩。我的建議是，我們基本上**應該將所有訊息都視為「已經被染過色了」**。因此，不要盲目接受訊息。更**不要成為只選擇對自己有利的訊息的人。**

　　訊息很多，但「事實只有一個」。請用盡你的一切方法去處理訊息吧。

　　為了知道真相，你可以親自去了解，或是透過其他方法去了解，當然也可以聽取不同人的意見。

　　即使那些訊息會讓你「痛苦」，你也應該養成面對事實的習慣，不要自欺欺人。自己去感受，自己去確認，然後相信自己所感受到的。

第 6 章

〔人際力 UP！〕
營造相處不累的職場人際

有句話說，

一個人的思維方式和行為，是與之相處時間最長的五個人的平均值。

如果這是真的，那麼與誰交往將會改變你的思維方式和行為，

進而改變你的人生。

換句話說，如果想要改變人生，

就要與「比自己優秀的人」交往。

55 為何你應該 與「對的人」交往？

提高自己的價值

我們經常聽到「人生因相遇而改變」這句話，但實際上，僅僅「相遇」是不會改變什麼的。不要只是「相遇」，你的價值是由「與誰相遇、一起做什麼，以及回報了對方什麼」來決定。**為了「提高價值」，你應該與比你優秀的人交往。**

例如，如果你想在工作中成長進步，就要與你「欣賞其工作方式」的那個人交往，然後根據他的商務思維模式，來調整你的價值觀；如果你希望擁有比現在更多的自由，並實現更豐富的生活，就要與你心目中的「典範」交往，然後根據他的生活方式，來調整你的價值觀，採取相同的行動。

遠離負能量纏身的人

你應該極力避免與「消極的人」交往，因為負面的情緒、負能量，總是隨便就將很多人攪得團團轉。否定一切，一再挫敗的魯蛇，不知會給你帶來多少壞影響。我這麼說聽來很冷酷，但這是事實。人人都應該親切待人，互助合作，但如果你本身不具備能力和

「受到誰的生活方式所影響」非常重要

如果你心目中有個「理想典範」，請你根據他的價值觀來調整自己的價值觀，採取和他一樣的行動。

❶ 什麼時候、遇到了誰？

❷ 被對方的生活方式所感動，和對方一起做了什麼事？

❸ 和對方交流時感受到什麼？學到了什麼？

❹ 付出什麼努力來回報對方？

運氣，根本不可能幫助到別人。

因此，你應當與比你有智慧的人、能夠提升你的人生觀的人交往。**無論你自認多麼堅強，總是會受到周圍人的影響**。積極向前看的人總是與充滿積極思維和活力的人交往。這也意味著你自己必須先成為這樣的人。最終，人們總是與能夠和自己產生同樣能量的人交往。

POINT

要成長進步，就應該與比自己優秀的人交往。
應該極力避免與消極的人交往。

56 遇見誰，就會有怎樣的未來

自己可以選擇「與誰相遇」

人們會順應平時在一起之人的思維模式，而採取行動，稱為「順應法則」。我認為我完全中了這個「順應法則」。

順帶一提，**有人說，一個人的思維方式和行為，是「與其相處時間最長的五個人的平均值」**。因此，如果你想要有更多的成長，首先應該主動尋找你想效仿的人，並積極與他們交往。

換句話說，人是由「環境」塑造出來的，而這個環境主要是指人際關係。我們自己就是創造這個環境的主要力量。「與誰相遇」，在很大程度上是可以自己選擇的。你選擇的相遇對象由你自己決定。

人是由「環境」塑造出來的

雖然有人說「改變一個人是不可能的」，但這只是部分正確，部分不正確。每個人都受到他們過去曾經相遇的所有人的影響，而「那個人」過去相遇的所有人，也都成為那個人的歷史、那個人的人生。

身邊 5 個人的平均值就是「自己」

假設自己身邊 5 個人的平均值就是自己，那麼，你交往的人就會「改變你的人生」。

身邊 5 個人的平均值
＝
自己

換句話說，**如果你想對「那個人」產生影響，你必須擁有比他過去相遇的所有人更大的影響力**。因此，如果你認為「人是不會改變的」，表示你的影響力還不夠。但是，當你的影響力變大時，「那個人」也會有更大的改變機會。

雖然不能斷言每個人都會改變，但每個人確實受到他們相遇之人的影響，並且逐漸改變。因此，「你是一個怎樣的人」、「你用什麼方式過日子」，這點十分重要。

POINT

人的思維方式和行為是由人際關係塑造出來的。
別人之所以不會改變，是因為你的影響力太小。

57 從未失敗的人，絕對不能相信

越優秀的人，經歷越多失敗

不可相信從未犯錯或失敗的人。這些人只活在過去的經驗和固有觀念中，只肯嘗試安全的、無風險的、無聊的事情。因此，沒失敗過的人說的「我一向都是這樣」，毫無價值，直接忽略即可。

越優秀的人，總是經歷越多的錯誤和失敗。為什麼？因為優秀的人喜歡挑戰新事物。

經歷逆境的人，會看到一帆風順之人沒看過的風景。在逆境中獲得的經驗和知識，會在日後的人生中派上用場。不僅如此，正因為有這些經歷和體驗，他們才有能力幫助身邊的人、給予鼓勵並適時引導。

不要否定各種可能

發明大王愛迪生曾說：「我從未失敗過，只是發現了一萬種沒效的方法。」愛迪生之所以能夠創造新事物，是因為他「不否定」各種可能性。

當你的前輩或老闆以否定的方式對你說：「你沒辦法的！」表

不要相信「從未失敗過的人」

越優秀的人，經歷越多失敗，這是因為優秀的人喜歡挑戰新事物。

不太有失敗的經驗

被固有觀念綁住

什麼事都喜歡否定

那個我沒辦法啦！

有豐富的失敗經驗

基本上採取正向思考

用自己的觀點看待事物

那個好有趣！

示是他自己「做不到」罷了。**那些沒有夢想或已經放棄人生的人，對任何事都是採取否定態度**。遺憾的是，這樣的人在社會中占有很大的比例，因此大家都被灌輸了這種觀念。

你沒問題的。請忽略那些「已經放棄的人」所發出的噪音。只要看準目標和目的，大腦就會自動解釋為「做得到」。這樣，你就不會受到那些經常發表否定言論之人的干擾了。

POINT

越優秀的人，經歷越多失敗。
不必在意那些喜歡否定的人說的話。

58 改變從自己做起，才能彼此成全

▶ 相遇是必然，分離是選擇

人際關係通常不會如你所願。事實上，我認為「相遇是必然」，而「分離是選擇」。你周圍發生的所有事情，都是源於你自己，如果這個「必然」和「選擇」不如所願時，唯有透過成長才能改變。

人際關係的關鍵是「覺悟」。**所謂覺悟，指的是「相信對方內在的潛力而與之交往」，以及「和有著交往一輩子覺悟的人交往」。**當然，也有其他更有效率的與人交往方式，但如果你想建立真正有意義的人際關係，那麼「覺悟」至關重要。

或許有些人認為：「人際關係沒那麼困難吧？」但如何面對對方、如何與對方相處等「與對方互動」的過程，你會不斷質疑自己，這是無法避免的。

▶ 改變自己勝於強求他人

你周圍的人全都是你的鏡子，對方的言行反映了你的言行。如果你周圍的人不幫助你，那是因為你過去也沒有幫助他們。

將身邊的人看成是自己的鏡子

對方的言行中，
反映出自己對他的言行。

你不幫我嗎？

我正在忙……

對方不幫忙，是因為
自己過去沒幫他。想
要身邊的人改變，就
得自己先改變。

　　工作也是如此。如果你不生氣，對方就不做事，那是因為你一直都是用生氣的方式來讓對方做事；如果下屬不信任你，那是因為你過去也都不信任他們。換句話說，**要改變你所得到的回饋，只需改變你對別人的作為。**你希望別人改變，就必須先改變自己。你想培養出優秀的人才，就必須展示出自己的成長。

　　如果相遇是一種選擇，那麼你必須有一種覺悟——建立「讓對方覺得與你相遇是他人生中最大的禮物」的人際關係，並在這樣的覺悟中不斷成長進步。

POINT

**對方的言行反映了你的言行。
你想培養出優秀的人才，
就必須展示出自己的成長。**

59 對事不對人，讓團隊發揮最大價值

不要破壞團隊的和諧

要建立良好的人際關係，特別是打造優秀的團隊時，很重要的一點是：「不要針對個人本身下評斷」。當然，對於個人「所做的事情」、「沒有做到的事情」，以及「出現的結果」，可能需要進行評斷，但不需要每次都針對「個人本身」進行評斷。

例如，在團隊中，如果每個人都對每一件事情或結果自行賦予意義，就會隨之產生各自的情緒。每個人再帶著各自的情緒行動，團隊的和諧就會受到破壞，共同的目標也會因此模糊不清，終將導致整個團隊無法朝著共同的方向前進。因此，請時刻警惕自己：「不要一直針對個人本身進行評斷」。

先把情緒擱一旁

話雖如此，畢竟「人是情感的動物」，如果能靠自我提醒來自我控制，就不會那麼辛苦了。因此，如果你忍不住想要評斷對方，就將你的評斷暫時擱置一旁吧。

如果你是團隊的領導者，只要你有這個觀念，並且養成習慣，

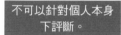

只用「行動」和「結果」來下判斷

不可以針對個人本身下評斷。

只能對「所做的事情」、「沒有做到的事情」、「出現的結果」下評斷。

不要針對個人本身的「好壞」下判斷，而是對「事情的結果」下判斷。

你不管做什麼都不行吧？

你有真的想做嗎？

下次這樣做是不是比較好？

你的團隊肯定會有巨大的變化。為什麼？**因為只要你不再用「下了評斷的情緒」來看待下屬，你對下屬的言行將會發生變化。**然後，下屬對你的反應也必然改變。

當然，要完美地控制情感可說難上加難，老實說，我自己也做不到。但即使最初無法做到完美，只要意識到這一點，變化必然發生。

不要對每件事都做出評斷，也不要針對個人本身做出評斷。只要建立這個觀念並且養成習慣，不只你自己會成長，你的團隊也會成長。

POINT

不要針對「個人本身」做出評斷。
建立這個觀念就能讓團隊獲得成長與改變。

60 即使是不對盤的人，都有可能攜手前進

和任何人相遇，都是成長的機會

對他人的「喜歡」、「討厭」情緒，不僅會阻礙自己的成長，還會對周遭產生負面影響。如果**一直用「喜歡」、「討厭」來思考人際關係，你的感性會變得越來越遲鈍，因為你無法培養出開闊的視野、靈活的感性和思考方式等。**

世界上有各式各樣的人，但要從與這些人的相遇中導出「自我成長」，就要努力發現對方與自己的不同之處，即使「討厭」他、「不會跟他相處」、「跟他合不來」。

如果能將與任何人的相遇，視為拓展不同生活觀與學習的機會等，對人生將大有助益。如果以這種態度來與對方互動，你將會看到對方的優點。當你能夠培養出這樣的感性和思考方式時，就是你「已經成長」的證據了。

負面教材也有存在的意義

我們都是人，因此難免會遇到「討厭的人」。每個人的成長環境、與人的相遇和經歷都不同，自然我們的想法、價值觀、願望、

和任何人相遇都是學習的好機會

原來這個人是這樣想的啊。

原來還有這樣的人，真是長知識了。

原來有人的感受是這個樣子。

雖然我們意見不同，但還是聽聽他的理由吧。

我們都是人，因此難免會遇到「討厭的傢伙」。這種時候，不妨把對方當成反面教師，利用他來提升自己的人格。

目標和生活意義等，都會有所不同。

當然，會有對你好的人、易於溝通的人、志趣相投的人，也會有刻薄的人、否定你的人、不討喜的人等等。如果遇到自己不太喜歡的人，不要只是隨便將他看成「討厭的傢伙」或「惹人生氣的傢伙」，而是嘗試接受對方。為什麼呢？因為正是有這種「討厭的傢伙」存在，才會有喜歡的人、重要的人、尊敬的人、心愛的人。可惜的是，很多人都沒意識到「討厭的傢伙」的重要性。

「討厭的傢伙」是反面教師。透過觀察這樣的人，我們會知道對方的愚蠢和缺點，進而告訴自己：「不要在這種小事上抓狂」、「一定要變得更強大」，而提升自己的人格。

POINT

不論和任何人相遇，都能讓自己成長進步。
觀察「討厭的傢伙」也是磨練自己的方法。

61 承認失敗，
就能迎來下一個成功機會

◤ 成熟大人都不會抗拒「低頭」

所謂「酷帥的大人」，就是指那些能夠誠心道歉的人。在追逐夢想的過程中，難免會受到批評：「那是一場失敗啊」，即使我們盡了最大努力，想要做到最完美狀態，仍會有無法成功的時候。即使我們全力以赴，有時仍會給別人帶來困擾，甚至傷害到別人。這種時候，讓我們誠摯地說聲：「對不起！」好好道歉，做個「酷帥的大人」吧。

人一旦學會敷衍了事，下次也會敷衍了事地帶過去，因為他們找到了隨便敷衍過關的方法。而且，人只要說過一次謊，下次要是不說謊就會前後矛盾了。因此，那些試圖歸咎於人，主張「我沒有錯」的「不酷又不帥的大人」，會讓自己越來越沒辦法低頭道歉。

◤ 拉不下臉的人，只會不斷重蹈覆輸

正因為能夠承認錯誤並道歉，這種「酷帥的大人」即使失敗，機會仍會降臨。因為他們能夠承認自己的失敗，分析過程，善加改進，再應用於下一次的挑戰上。反之，如果一直不承認自己的失

「不能道歉的大人」會不斷說謊

❶ 不承認自己的過錯而說謊。

不是我的錯！

❷ 說了一次謊，下次要是不說謊就會前後矛盾。

不可能那樣！

❹ 一再犯錯也不改進，失去大家的信任。

……

❸ 不承認自己的錯誤也不改進，下次繼續犯同樣的錯。

我沒有錯！

敗，也不願意道歉，只會敷衍了事，那麼就算下次再有機會上門，也只是一再重複同樣的錯誤罷了。

　　人類不是萬能的「神」或「佛」，無法完全理解他人，即使我們認為自己做的事情是出於好意，也有可能給別人帶來困擾。但重點不在「沒有惡意」，而在「造成對方的困擾」已成事實。

　　因此，讓我們成為「能夠真心道歉的人」吧。我們都是在這樣的反覆過程中，獲得寬恕而活著。

POINT　如果能承認自己的錯誤並道歉，
即使失敗，也會迎來下一個機會。

62 看起來很幸運的人，人際關係都不差

機運都是在互動中產生的

在工作上，能單靠一己之力完成的事情相當有限。而且，工作的規模越大，越需要其他人的幫助。**所謂工作成果，是在與許多人的互動過程中產生的**。因此，積極與人交往、結交許多朋友的人，會遇到更多的機會和好運。換句話說，機會和幸運是人際關係帶來的。

請回想一下你知道的那些看起來「很幸運」的人，不管他們是你的朋友還是名人。這些人一定很重視朋友，並努力維持人際關係吧？

隨時心懷感恩

世界上有許多成功的例子，都是從偶然的相遇開始的。因此，**如果你想充分發揮人際網絡，就從今天開始培養「多花一點心思」的習慣吧**。例如，當你遇到某人時，立即發送一封電子郵件或寫一張明信片，表達對相遇的感謝之情。當然，不是要你寫商業推銷或自我宣傳的信，而是表達對「相遇機緣的感謝」。

養成「多花一點心思」的習慣

寫電子郵件給相遇的人

今天真的很謝謝您。

寫明信片給相遇的人

十分感謝貴公司
的大力協助。

「幸運」是人們帶來的。重視與你相遇的人，
努力維持好關係，你的運氣就會越來越好。

　　相遇是一種奇蹟。請想一想，二〇二三年的今天，地球上的人口為八十億人，即使每天與三個不認識的人相遇，一年也只能與1095 人相遇。如此持續五十年（從二十歲到七十歲），也只能與54750 人（地球人口的 0.007％）相遇。

　　即便如此，總有人與你相遇。想到這點，是不是覺得應該對相遇的緣分表示感謝和珍惜呢？不寫電子郵件或明信片也可以，總之請別偷懶，對和你相遇的人「多花一點心思」吧。

POINT

工作的成果來自和許多人的通力合作。
養成「多花一點心思」的習慣，
能創造豐富的人際關係。

63 有效溝通，
都始於「傾聽對方說話」

➤ 先聚焦在他人感興趣的事物上

在工作和日常生活中，「對話」是溝通的基礎，但也因為如此，很多人都有「不知如何與陌生人交談」的困擾。特別是銷售人員，與人交談可說是基本工作內容。

提高對話技巧的竅門，其實相當簡單，那就是「傾聽對方說話」。

與人交談時，只要談論對方感興趣的話題，對方就會願意聽你說話。對話的基本在於，將焦點放在「對方關心的事情」上，然後在此基礎上，提出你自己的建議或看法。按照這個步驟，「對方都不說話」的困擾，通常就能迎刃而解。

➤ 傾聽會帶來反饋，開啟良性循環

話雖如此，我年輕的時候，也曾滿腦子想的都是自己：「我該怎麼讓對方理解？」「我該怎麼表達才好？」結果溝通頻頻遇阻。

當時的我做事還很不成熟，沒有「接受對方談話」、「試圖理解對方」的觀念，才會為了如何展開對話而吃盡苦頭。不過，就在

真正聰明的說話方式

❶ 在會議上適度地收斂自己的主張，多讓對方表達意見。 ▶ ❷ 就算對方的意見是錯誤的，也會先予以肯定：「是有這樣的看法沒錯。」 ▶ ❸ 傾聽對方說話，待對方暢所欲言後，最後再表達自己思考後的結論。

一味掉書袋，過度分析、過度解說，會讓聽的人覺得：「這個人好煩！」

按照這個步驟，你的意見自然會成為討論的焦點。

我累積了豐富的失敗經驗，能夠把焦點放在對方關心的事情上以後，我就常聽到對方說：「那麼，吉井先生，你是從事哪方面的工作呢？」

我先接受對方，對方就會主動接受我。要達到這一點，唯一的辦法就是：**每天都要努力培養「對對方的談話表示興趣，並且用心傾聽」的習慣。**如果你想以自己的節奏進行對話，就要先有「聚焦在對方關心的事情上」的觀念。

POINT

溝通順利的訣竅就是「傾聽對方說話」。
培養「對對方的談話表示興趣，並且用心傾聽」
的習慣。

64 一個人解決不了的事，就找人談一談

互相加油打氣，就能提振精神

常有人問我一個問題：「沒有精神的時候，該怎麼做才會有精神？」其實，我不太確定我是否一直精力充沛，因為這太難和別人比較了，但我的確要自己保持「樂觀開朗」。至於提振精神的具體對策，我的建議是：**「當你感到沒有精神時，去找一個有精神的人聊天。」**

如果你可以自己解決問題，那自然再好不過，但有時「找人談一談會舒服一些」，因此不妨向旁人尋求幫助，讓自己振作起來，進而解決困擾。

向別人尋求幫助時，不要過於擔心：「對方要是說些奇怪的話，該怎麼辦？」也不要提前擔憂：「萬一對方給了我不恰當的建議，反而讓人更沮喪。」應該坦率地交談，虛心聽取對方的意見。

當你從對方那裡獲得一點精神活力後，就可以幫助其他人，為他們加油打氣。「幫助那些比自己沒精神的人，為他們加油打氣」，其實是提振精神的最佳方法。

「沒有精神」時的對策

去找有精神的人聊聊天

發生了這種事……

幫助比自己沒精神的人，為他們打油打氣

發生了那樣的事情啊……

一個人無法解決煩惱時，不妨向別人尋求幫助。有時不經意的一句話，就能產生奇妙的力量。

保留一點獨處的時間

　　要維持良好的人際關係，就不能不重視與自己的相處方式。你有給自己留出獨處的時間嗎？珍惜獨處的時間，才能更好地與旁人互動。

　　為了能夠用「真實的自己」面對各種不同個性的人，應該偶爾花一些時間「自己獨處」。**留一些時間讓自己回歸「真實的自己」，才能與別人建立良好的人際關係。**

POINT 當你沒有精神時，去找一個有精神的人聊天吧。
不要忘記保留獨處的時間，
才能維持良好的人際關係。

65 強化感恩的心，就能擁有幸福

練習將感謝說出口

在工作中，每天都會發生各式各樣的事情，可能是業務上的困難，也可能是日常人際關係的困擾。生活就像一場戲，不斷考驗著我們的「能力」、「韌性」，以及最重要的「忍耐力」。對於自己擁有的事物，我們所表現的「態度」、「專注力」、「感恩之情」，都直接關聯到我們內心感受到的「幸福程度」。因此，**沒有「感恩」，就無法擁有幸福。**

你在公司或家庭中，是否常常表達感恩之情呢？似乎不少人即便心裡覺得「感恩」，也不太會說出口。上司和下屬之間，或是同事之間，如果彼此的關係只建立在行動時受到提醒、責備或表揚，那麼日後就會變成只要不受到提醒、責備或表揚，就不會採取行動了。當然，**「讚美對方來刺激對方成長」很重要，但更重要的是「表達感恩」。**

沒有什麼事是「理所當然」的

我們經常不小心就認為一切都是「理所當然」。因此，請試著

「感恩」與「幸福程度」互相連動

好吃的料理　孩子的笑容

美麗的街景

電車準時到達　汽車的引擎發動了

要對什麼事情表達感恩，完全取決於自己。請記住，所謂幸福，是對機會、緣分、幸運、與別人的關係、今天的經驗、挑戰等事情，生起單純的感恩之情而來的。

謝謝！

在今天晚上睡前，花五分鐘思考一天中發生的事，表達感恩之情。你也可以將這份情感寫在日記或手機的記事本裡。

　　無論使用哪一種方式，請記住：「感恩始於行動」。要擁有感恩的心，需要特別付出努力。一如其他技能，養成每天都感恩的習慣，就能強化「感恩的心」，最後不必特別努力，也能自然而然地感恩。像這樣，**將你的「理所當然」改寫成「感恩」，一切將變得不一樣**。

　　首先，試著在今晚睡前列出五件讓你感恩的事情吧。

POINT
記住：「感恩始於行動」。
請下工夫來培養感恩的心。

66 笑一下，好事才會發生

「下意識」的舉動，更讓人印象深刻

即使你做了再多表情、說了再多話，只要你的內心仍有另一個「真正的自己」，你的笑容就只會是「刻意做作的行為」。而且，比起這些「刻意做作的行為」，其實別人注意的是「不自覺做出來」的行為習慣。

一個上門推銷的人，無論他臉上堆滿多麼親切的笑容，當你拒絕他時，看到他臉上瞬間閃現一絲不愉快，你就會判斷他是個「感覺很差的人」。因此，**為了讓別人覺得你是個「感覺不錯的人」，你必須養成習慣，不論在什麼場合都「不自覺地展露笑容」。**

就像每天自然地刷牙一樣，如果你能隨時保持微笑，這就是一種「習慣」了。你是否曾經認為：「又沒發生什麼好事，幹嘛要笑？」這種想法是錯的。**不是因為發生好事才笑，而是因為總是微笑，好事才會發生。**

讓他人感受到你的善意

我曾訪問過一位事業做得很成功、收益蒸蒸日上的企業家，他

「人緣好的人」的 3 個習慣

待人親切的人，總是隨時保持著親切的微笑，自然受到大家喜歡。你的笑容能夠感染周圍的人，成為眾人的活力。

笑容　　　　握手　　　　親切

這樣說：「我絕不是一個特別的人，也不是因為某些特殊原因才成功。我的成功，是因為我一直以來都把笑容和握手當作最重要的事情，然後全力以赴。」說這話時，他笑得相當豪爽。

別不好意思，勇敢跨出第一步吧。當然，因為是你主動伸出手，你的心情也一定會變得積極正向。**全心全意微笑和握手，不僅可以讓對方心情好，其實也可以讓自己的心情變好。**

不論在工作上、家庭中，還是與朋友相處時，請利用微笑和握手，緊緊抓住對方的心吧。

POINT

養成不自覺展露微笑的習慣，
能讓對方和自己的心情都變好。

67 抱怨不會帶來進步，不妨集思廣益

思考「怎麼做會更好」

要做好工作，就必須誠實地分析現狀，並傾聽他人的意見。無謂的自尊心或固執己見，只會導致工作無法順利進行。此外，別人好意提醒，如果你反而視為敵人，不斷批評和抱怨，是非常可惜的。這樣的行為只會在你的大腦中滋生負面情緒，別無益處。

即便你對「提醒你的人」提出的意見有所不滿，如果你能將它視為一個反思「那麼該怎麼做會更好」的機會，他的意見就會變成一個有意義的忠告了。**在思考「如何做得更好」時，無論是被提出建議的一方還是提出建議的一方，都該虛心傾聽對方的意見，然後分析自己的現狀。**

抱怨和不滿不會帶來進步。請先傾聽他人的意見，以微笑來展開行動吧。

試著說出真心話

順便提一下，無論是上司和下屬的關係，或是老闆與員工的關係，乃至家人、朋友、認識的人、老師與學生之間的關係等，都會

不滿和抱怨無濟於事

批評、不滿、抱怨

那你自己做好了！

不滿和抱怨只會產生負面情緒，別無益處。

即便有所不滿，依然用心傾聽

該怎麼做才能更好呢？

將對方的意見當成改善現狀的機會，那麼就會變成有意義的忠告。

抱怨不能帶來進步。用笑容展開行動吧！

出現可以窺見對方「真面目（本性）」的瞬間。那個瞬間不是出現在對方獲得讚美的時候，而是他「被人提醒或警告」時所表露出來的表情和態度。

不論你們平時關係顯得多麼融洽，一旦你提醒或警告了那個人，就能看出那個人對你的感覺。如果那個人真心尊敬你，對你懷著深厚的情誼，那麼他就會虛心傾聽「你對他的提醒和警告」。

與其自己一個人想東想西，瞻前顧後，不如試著向對方說出真心話吧。

POINT

虛心傾聽對方的意見，
然後分析自己本身的現狀，這點至關重要。

68 看不見的善意，心都能感受到

關懷的心要化為實際行動

要建立良好的人際關係，其中一個重要的因素就是「關懷之心」。不只自己和家人，公司的同事、上司、雇主、客戶等都包括在內，如果你希望每個人都能感受到幸福，就應該將「關懷之心」化為實際行動。

實際行動指的是你對周圍的人「使用什麼樣的言辭」，以及「用什麼態度面對」、「用什麼表情面對」等。請看著你面前的人，好好感受他們的感受。這樣做，你就能知道你都是採取什麼樣的「實際行動」。

「關懷之心」雖然看不見，但感受得到。透過互相關懷，困難的事會變得較容易，有時還能解決矛盾和各種問題。

把焦點放在他人身上

你對自己也是懷著「關懷之心」嗎？奇怪的是，對自己越沒有「關懷之心」的人，不知為何，越會奢望他人對自己表現出「關懷之心」。

什麼是「將關懷之心化為實際行動」？

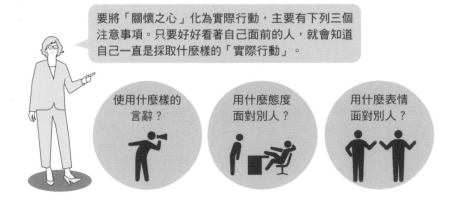

要將「關懷之心」化為實際行動，主要有下列三個注意事項。只要好好看著自己面前的人，就會知道自己一直是採取什麼樣的「實際行動」。

使用什麼樣的言辭？

用什麼態度面對別人？

用什麼表情面對別人？

　　首先，請檢討自己的言語是否傷害了他人，反省應該反省的事情，接受並修正。即使我們不斷提醒自己要保持「關懷之心」，但有時就是會心情不好，甚至想說些負面的話。這種時候，你要做的就是當場反省。即便不能馬上化為實際行動，但只要保持對他人的「關懷之心」，盡可能不斷修正，就可以提升個人的品格。

　　有些人或許覺得主動幫助人、待人親切友善，會「有點不好意思」，那是因為你「把焦點放在自己身上」。現在，請將焦點改放到別人身上吧。當你出社會後，就不會有人再跟你說要幫助別人、待人親切友善這些事了。雖然沒人會說，但大家自有評價：「○○這個人很親切呢」、「○○是個很好心的人」、「○○很有禮貌喔」。請記住，不能只有「關懷之心」，要化為「實際行動」。

POINT

「關懷之心」雖然看不見，但感受得到。
隨時提醒自己要「關懷」別人，化為實際行動。

不要忘了「重要的人」

重要的人越多，就越幸福

「在你的心目中，有幾個人是真正重要的？」

如果有人這樣問你，你能寫出幾個人的名字呢？應該有人能寫出很多名字，但也許有些人的狀況是：「我想不出對我而言是重要的人。」其實，**你心目中重要的人的數量，就等於「看重你的人」的數量。**而且，這個數量也是我們人生「成功程度」、「幸福程度」的指標。

因為人這種動物，就是靠著和別人相遇而成長進步的。**你想要珍惜的人，以及想要珍惜你的人越多，你的幸福力量和成功力量也會越大。**

大約十年前，商業上的主流觀點是「不打倒敵人就無法成功」，而同情共感、聯繫、愛這類要素，都被視為不需要而遭到輕視。但是，你不覺得奇怪嗎？商業不正是人與人之間的聯繫嗎？那麼，對你來說，「真心看重你的人」有幾個呢？

第 **7** 章

〔領導力 UP!〕
會做人就會帶出好團隊

在組織中工作時，團隊合作必不可少。

此外，在從新人晉升為中階員工的過程中，

也需要足以領導團隊的領導力。

為了激發整個團隊的「幹勁」，

領導者必須自己成為眾人的榜樣。

69 首先， 要意識到「共同的目標」

領導者本身都是如何行動的？

我認為團隊是「具備明確的共同目的和目標，共享做事的方法，擁有足夠的技能，不論職位或地位都能負起連帶責任，各自相輔相成的人才集合體」。而要**讓團隊能夠團結一致，最重要的就是第一個要件：「具備明確的共同目的和目標」**。

我經常問管理階層的人：「你們有沒有把團隊的理念和團隊的願景定義得很明確？」幾乎所有人都是回答：「當然，我們都定義得相當明確」、「我們都貼在牆上了，大家每天都看得到」。

然後我再問到：「你們如何將這些理念傳達給團隊成員，並且付諸實踐？」有些人會回答：「很難讓每個人都有同樣的想法」、「我不認為所有成員都理解並配合行動」。

是不是有點怪怪的？因為這些回答裡**欠缺一個視角，即領導者本身「都是如何行動的？」**

將理念和願景「付諸實現」

各位領導者，請你們要意識到自己的言行舉止。領導者本身必

「貼在牆上」不算是付諸實踐

將「理念」貼在牆上

讓「理念」刻進
全員的腦袋裡。

領導者主動實踐「理念」

自己先採取落實
「理念」的行動！

唯有領導者將理念和願景落實到自己身上，化為行動，員工和下屬才可能理解該理念和願景。領導者必須時時提醒自己，使用合乎團隊「理念」的言語來提升部屬的幹勁。

須相信「理念」，並且具備將該理念傳達給員工和下屬的表達能力。

　　你是否時時提醒自己，使用合乎團隊「理念」的言語來提升員工和下屬的「幹勁」？**身為經營者或領導者，最重要的工作就是將「理念」和「願景」傳達給團隊成員，並且付諸實踐。**而「寫在紙上然後貼出來」不算是付諸實踐。

　　如果領導者本身不能相信「理念」和「願景」，並且以身作則，那麼員工或下屬是不可能理解這些理念和願景的。領導者的以身作則，就是將理念和願景「展現」出來，讓大家都看得到。

POINT

領導者本身必須相信「理念」和「願景」，並且以身作則。

70 做對 3 件事，讓人甘願為你打拼

以身作則，才能改變他人

我認為企業管理和人才培育的基本，在於「榜樣」、「信任」和「支持」。

首先，最重要的是「榜樣」。**要培養出「有幹勁的人」，必須自己先成為「有幹勁的人」**。要培養有工作熱忱的人才，如果你自己不能先對工作表現出熱忱，一切都是徒勞。

其次是「信任」。經常有人抱怨：「現在的年輕人缺乏幹勁。」但說這種話的人通常都不相信別人。坦白說，這樣的人無法培育人才。

人是這樣的，如果你不相信他，他就不會聽你說話。因此，問題在於你「有」或「沒有」相信對方的勇氣。換句話說，**只有那些相信「一定能夠說服他」、「人會改變」的人，才可能改變別人、影響別人。**

精神上的支持，比物質更重要

最後，「支持」也很重要。一味指責失敗、不成熟、事情做不

「人才養成」的 3 大支柱

榜樣	信任	支持

領導者自己以身作則，成為一個「有幹勁」的人，對工作投入熱忱。	可以批評下屬目前的「技術」和「能力」，但要完全相信他這個人。	關心下屬，不斷給予依靠和鼓勵，同時給他克服困難和障礙的機會。

好，都無法培養出人才。

此外，因為對方事情做不好就不給他機會，不僅僅是剝奪他克服困難和障礙的機會，更是把自己指導新人和下屬的勇氣都一併剝奪掉了。因此，**即使你覺得對方「可能還不行」，身為上司，請你繼續給他依靠和鼓勵。**

支持他人時，「精神上的支持」比「物質上的支持」更重要。當新人或下屬勇敢地挑戰自己，踏出第一步和第二步時，請以「支持」和「關懷」的心來對待他們。

 POINT

人才養成基本為「榜樣」、「信任」和「支持」。
領導者必須先以身作則，給予依靠和鼓勵。

71 好上司都懂得
創造下屬的光彩

❧ 不吝「給予」的人，收穫最多

如果你是站在指導他人的立場，或許你曾基於「讓對方進步」或「希望他能成長」的想法，進而責備對方或是措辭稍微嚴厲一點。然而，這種方法通常不會成功，反而會讓情況更加惡化。對方正在努力履行自己的角色，但你批評他時，他會察覺到你的失望而產生負面情緒，進而做出那些讓你給出負評的行為。

為了防止這種情況發生，你應該致力於改進自己，而不是試圖改變對方。

面對下屬，你能做的就是「給予」。**一個不斷自我精進的優秀上司，會幫助下屬創造自己的光彩，幫助下屬讓他們更喜歡自己。**

❧ 是你的「做人方式」在帶動對方

站在指導他人的立場，如果你沒有與對方建立起信任關係，通常不會成功。

即便你是公司的CEO、重要幹部，或是資深員工，這只是你的「職位」而已，不代表「信任關係」。而且，就算你「稱讚」對

不是「立場」在帶動別人，而是「信任關係」

用立場下達指示

> 這種事也做不好嗎？

> 不然，課長你自己做做看好了。

用信任關係下達指示

> 可以請你做這件事嗎？

> 好的。但我沒做過，請您指導我。

下屬不是聽上司「說的話」來採取行動，是看上司「做的事」而採取行動。因此，領導者必須先自我精進。

方，如果對方覺得被你稱讚也不開心，那麼結果就和你「罵他」、「對他發脾氣」是一樣的。

要對方信任你，你必須先信任對方。要建立信任關係，不能期望短時間內、今天或明天就能實現。因此要有耐心，堅信一年後、三年後、五年後，甚至「或許十年後才能夠相互理解」，然後由你主動努力地信任對方。

不是你的「做事方式」在帶動對方，而是你的「做人方式」在帶動對方。

POINT

要指導別人，就要先建立信任關係。
你不信任對方，對方就不會信任你。

72 人才培養不能光靠技巧，而是……

⯈ 生而為「人」的感恩心

我做了三年的受雇總裁，然後創辦目前這家公司，至今已經十九年了。這段期間我一直煩惱著一個問題：「如何培養人才？」

當時的我不知道要和員工一起成長，誤以為我必須「培養」他們。於是我努力學習各種領導理論，自以為懂了很多。後來我發現自己充滿了無力感和孤獨感，我一直用獨斷和偏見做出誤判，甚至差點害公司倒閉。

在這個過程中，我學到了輔導管理上提到的「依賴型」和「自立型」概念，並在實踐中發現我缺少一個重要的元素，那就是「**生而為人的感恩心**」。

從那時起，我決定將「尋找感恩」變成一種習慣。「早上，如果員工準時上班，我就感恩」、「如果幫我接電話，我就感恩」，甚至是「他們能和我一起工作，我就要感恩了」，我開始對一切都充滿感恩之情。

⯈ 會影響他人的是「生活方式」

不能用「技巧」來培養人才

用「技巧」行不通

人會受到「生活方式」的影響

你用道聽塗說的領導理論來指導我也沒用……

課長，您能將您一手促成的案件交給我嗎？

企業管理或人才培育上，越想要技巧就越難成功。要提升團隊的能力，不是靠操縱對方，而是思考如何激發對方的能力。

當然，我現在仍會在工作上對員工提出警告，或是加以責備，但我已經能夠每天多次對員工表達感恩了。這讓我明白一件事：「人才的培養不能靠技巧」。

當對方發現那「只是一種技巧」，不但會完全沒效，還會破壞信任關係。你的員工會看出你的「本性」，進而抱怨：「我們老闆不知道是根據領導理論還是什麼的，只會耍些技巧來對待我們，真是夠了！」

會影響人的不是「技巧」，而是身邊人的「生活方式」。

POINT 生而為人的感恩心極為重要。
人不是看著別人的技巧而成長，
是看著別人的「生活方式」而成長。

73 比起下指令，更該好好與他人對話

面對面談話很有必要

上司的職責在於「讓失去信心的下屬充滿幹勁」。換句話說，**讓下屬充滿工作的幹勁，正是上司的職責。**無論你學過多麼出色的理論，擁有多麼卓越的技能，如果使用不當，就無法帶動下屬。那麼，怎麼做才能激發出下屬的幹勁呢？答案是「對話」。

你常和下屬面對面對話嗎？問題不在對方是否希望這麼做，而在你是否打算這麼做。上司不應該只會對下屬進行「指示」、「指導」、「命令」而已，**養成與下屬對話的習慣後，下屬的反應也會跟著改變。**

能感受「樂趣」，才能延續熱情

傳達「工作的樂趣」也是上司的重要職責。不管下屬或團隊的「數字」和「成績」是好是壞，請先讓他們覺得「工作很有趣」。

身為上司的各位，應該都希望團隊成員能夠找到工作的意義，幸福快樂地工作，而不是故意給他們辛苦的工作或痛苦的數字才對。我想，各位只是因為「想讓他們做出成果」、「想讓他們找到

進行「對話」，傳達「工作的樂趣」

進行對話

有這樣的
事情喔。

對話時，要接受對方、
理解對方。

傳達工作的樂趣

在那樣的期限內有
這樣的完成度，很
厲害呢！

激發出對方的「幹勁」，用
言語滿足對方的自尊心。

光是「指示」、「指導」、「命令」，無法建立信任關係。
應該「貼近對方的心情」，才能讓人際關係更融洽。

工作意義」、「想讓全員都能達成目標」的想法太過強烈，才沒辦
法好好將「享受」工作的重要性告訴團隊成員。

　　因此，**請隨時提醒自己，要好好將工作的樂趣和重要性讓下屬
知道。**同時，你也要一邊「享受工作」，一邊積極正向地投入對工
作的熱情與愛，讓團隊成員都感受得到。任何事情不是因為「正
確」而持續，是因為「有趣」才會持續下去。

POINT
要激發出下屬的幹勁，對話是很重要的關鍵。
傳達工作的樂趣，也是上司的重要職責。

74 只說「自己想說的」，稱不上是溝通

「傾聽」是引導他人說話的過程

要培養人才，「傾聽」也是一項重要的能力。大家都知道，「傾聽」是建立人際關係上不可或缺的要素。例如，面對下屬，你「說」的應該都是你本身擁有的知識。但「傾聽」就不在你的知識範圍內了。

「傾聽」是你專注於對方的狀況和心情上，邊運用想像力邊引導對方說話的一種過程。我在進行企業輔導時，會問經營者和擔任管理職的主管，他們和下屬進行個人面談時，都談些什麼內容？得到的回答是：「自己想說的話」、「想問他們的話」；至於有沒有認真傾聽「對方說的話」，我倒是常常懷疑：「那樣的內容，表示根本沒在認真聽對方想說的話啊！」

這些主管認為，他們問了問題，也得到對方的回答，況且還問到了方方面面的問題，但**這不過是依序問出「自己事先準備好的問題」罷了，不能算是「傾聽對方說話」。**

順著對方的回答擴展對話

傾聽時，應該貼近「對方的心情」

說自己想說的話，
聽自己想聽的話。

想像對方回答問題時的心情，
配合對方的回答而展開對話。

業績比上個月退步了好多，
到底怎麼回事？

你看起來狀況不是很好，
有什麼事要不要說一說？

無視對方的回答，只是依序問出自己事先準備好的問
題，這種不能算是「對話」。

　　**「傾聽」對方說話時，請你想像對方回答問題時的心情，然
後，順著對方的回答，再繼續一個、兩個地延伸話題，擴展對話。**
個人面談是傾聽對方說話的一種極為有效的方法。不過，如果徒具
個人面談的「形式」，只會讓對方心生不必要的疑慮，毫無意義。

　　或許有人會說：「下屬都是這樣啊，你問他，他也不會回答
啦。」我在這裡給各位一個建議：不要將注意力放在自己的下一個
問題或剩餘的時間上，例如「接下來要問什麼？」或「還剩下幾分
鐘？」等，而是先專心聽對方說話，然後，針對他的回答，坦率地
提出你的疑問或進一步詢問，對他重視的事情表現出興趣。這點很
重要，請務必記住。

POINT 對方「想說的話」都深藏在他的內心裡。
應一邊想像對方的心情，一邊傾聽他說話。

75 面談時，要站在對方的立場

目的是「支持」，而不是「指導」

個人面談不應該過於在意地點和形式，應該以讓對方「恢復精神」和「提起幹勁」為目的。進行面談時，請站在對方的立場，來感受對方的「言辭」、「舉止」和「表情」，而不是站在自己的立場看待。

請記住，**進行個人面談的目的不是為了控制對方，而是為了聽取對方的心聲，激發出他們的幹勁**。因此，無論對方的狀況如何，都要思考你當下能夠做什麼來支持他。

個人面談是一種「支持活動」，而不是「指導活動」。請牢記這一點，確定自己有清楚的認識。

沉默之後說出來的內容，通常都很重要

有些人應該遇過這樣的經驗，「面談時，對方一直沉默不語」。這種情況下，有人會擔心場面尷尬，而開始說些沒意義的話、改變話題，或者試圖結束談話，但如果光憑自己先入為主的觀念，認為「這下恐怕不妙了」，而試圖結束話題，最後只會流於表

面談不是「指導活動」，而是「支持活動」

指導活動

為什麼你沒辦法照我
指示的去做？

支持活動

應該怎麼做才行得通，
我們一起思考吧！

請記住，面談不是「指導」，而是「支持」，並思考：「我
能夠做什麼來幫助他？」

面上的交流罷了。

　　當你遇到這種情況時，首先要深呼吸，觀察對方的表現。如果
對方似乎在找合適的話語，那麼請耐心等待。如果對方依然無法開
口，你可以選擇撤回問題：「也許這個問題很難回答？不用勉強。
很謝謝你真誠地思考了這個問題。」或者保留問題：「如果你覺得
還沒整理好如何回答，今天不回答也沒關係。」

　　我從我的前輩那裡學到一句話：「**沉默之後說出來的內容，通
常都很重要**。而且，為什麼會出現沉默？線索就在那裡。」這句話
「很深奧」吧。

POINT
個人面談的目的是為了激發對方的幹勁。
對方沉默時，請耐心等待回答。

76 不是他難相處，而是你缺乏……

時時關心並尊重他人

偶爾會聽到人們說：「現在的年輕人很難相處」，但我不禁會想：「不是年輕人難相處吧，是你做人的態度有問題吧？」

如果你是一名主管，那麼你需要建立一個觀念：「言行應與時俱進」。例如，在上班時間以外辦聚餐或烤肉活動很棒，但如果位居高級主管的人沒事先詢問下屬的意見，在活動五天前突然說：「○○日工作結束後要聚餐喔，你們都會參加吧！」想當然，新進員工和年輕員工都會感到困擾。

如果你沒有事先詢問下屬的時間安排，或者沒有提前一個月通知下屬有這樣的活動，那麼下屬質疑：「這是強制性的嗎？」或是抱怨：「下班後還要社交很麻煩。」也是意料中的事。

如果你真的這麼做了，那不是「現在的年輕人很難相處」，而是你缺乏「關心」和「尊重」對方的意識及態度。

先接納、肯定對方

與新進員工或下屬面談或對話時，請勿中斷對方的談話，例

上司不可犯的 NG 行為

一廂情願的決定、強制

> 今天的聚餐，你能參加吧？

打斷談話

> 我懂你說的，但你沒回答我的問題……

> 讓下屬覺得你想怎麼做就怎麼做、你對他的談話不感興趣，就無法建立信任關係。

如：「我懂你的意思，但我問的是○○。」說這種話會讓對方覺得：「你沒在聽我說話」、「你對我的談話沒興趣」。

　　對話從「接納」開始。因此，請先表示肯定，例如：「原來如此」，然後再說：「我對○○的事情很感興趣，能不能請你再說清楚一點。」把岔開的談話再拉回正題。**重點是，不要讓對方覺得：「我的話才講到一半就被打斷了」或是「他沒在聽我講話」。**面談或對話時，請千萬記住：「先接納對方、肯定對方」。

POINT

地位高的人尤其必須關心地位低的人。
談話時，應先接納對方、肯定對方。

77 「感動」會傳染，激發他人採取行動

優秀領導者都具備強大的感動力

據我所見，越是優秀的領導者，越是具備強大的「感動力」。他們很敏感，能對旁人容易忽略的事情感動，並且真誠地表現出來。在這種人的領導下，團隊成員也能有滿滿的感動。

「感動」會傳染。「感動」是一種心靈深處的震撼體驗。

當心靈受到震撼時，人們會振奮精神。換句話說，受到感動的人會變成展開行動的人。而展開行動的人會累積經驗，取得成果。因此，**優秀的領導者都會重視那些能夠感動、個性坦率的人。**

開啟良性的循環

要激發別人，沒有比「感動」更具說服力的了。而且，幸運的是，「感動」可以免費入手。夢想、能夠分享夢想的朋友、毅力，這些世上最重要的事物，全都是可以免費入手的。

世界上有許多出色的、了不起的事物，也有許多為生活努力奮鬥、認真踏實的人。當遇到這樣的人和事物時，**如果沒有「感動的心」，即便是多麼美好的相遇，也不會注意到**，只會讓它白白溜

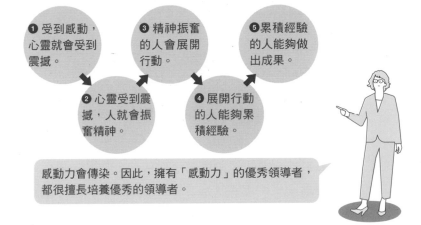

「感動」能夠打造出「做出成果的人才」

❶ 受到感動，心靈就會受到震撼。

❷ 心靈受到震撼，人就會振奮精神。

❸ 精神振奮的人會展開行動。

❹ 展開行動的人能夠累積經驗。

❺ 累積經驗的人能夠做出成果。

感動力會傳染。因此，擁有「感動力」的優秀領導者，都很擅長培養優秀的領導者。

走。換句話說，沒有「感動力」的人，會錯過寶貴的機會。

重要的不是看到路邊盛開的花並說「很漂亮」，而是看到那些花而感動地覺得「好漂亮啊」的心。對任何微小的事情都能夠真誠感動的心靈，會傳染給他人，並且激勵他們。

POINT

受到感動的人，會變成展開行動的人。
要激勵別人，就要具備能夠真誠感動的心。

打從心底相信的事，
就一定會發生

潛意識會大大影響行為

　　有人說：「我們的想法正在眼前變成現狀」。換句話說，「我們想的事情正在實現中」。那些認為「想法不會成真」的人，他們腦中的「不會成真」想法，似乎正在實現中。

　　我們的日常生活深受潛意識的影響。因此，我們應該經常保持微笑，常常去想開心的事、愉快的事、幸福的事。那麼，請感受一下此時此刻在你眼前的「幸福」吧。

　　人的大腦，基本上一次只能思考一件事情。如果你一直「努力去忘記」不愉快的事情，你就會一直想著那些不愉快的事情。因此，**與其努力忘記不愉快的事情，不如將注意力放在能讓你感到興奮和幸福的事物上**。這樣做，你就會不知不覺忘記不愉快的事情，你的心會變得更幸福。

　　「心＝大腦」。人生是快樂的。能夠打心底這麼想的人，這個想法就會在他的眼前變成現狀。

第 8 章

5 個關鍵，讓自己成為「職場搶手貨」

要成為搶手的「人才」，

就要培養「自立型」的思考習慣和行為習慣，不能當「依賴型」的人。

為此，要有「今日事今日畢」的工作態度。

世上沒有「天生就很能幹的人」，

只有「把事情做完的人」才能成為能幹的人。

78 你是哪一種「人才」？

人才有 4 種類型

社會上有各種不同類型的「zinzai」存在（以下四種類型的日文讀音都是「zinzai」）。

第一種是「人才」（日文為「人材」）。這類人就像一塊越磨越亮的素材，非常有潛力。拿到的薪資與提供的價值「相等」的人，應該就屬於這種類型。

第二種是「人在」。只是在某個地方上班的人。換句話說，「只不過是人在那裡而已」的人。

第三種是「人罪」。這種人拿到的薪資超過提供的價值，也就是所謂的「薪水小偷」。不論是不是薪水小偷，只要會對同事間產生不良影響的，都算是「人罪」。

第四種是「人財」。遵守團隊的理念、理解方針、業務成績表現優異的人。此外，成為同事的榜樣、後輩的標竿、刺激他們努力精進等，這種能對同事產生良好影響的人，也算是「人財」。

當然，能夠提供超出薪資價值的人，絕對是各方爭搶的寵兒。各位也應該以成為令人刮目相看、爭相挖角的「人財」為目標。

社會上有4種「「zinzai」

人才（人材）	人在
拿到的薪水與提供的價值「相等」的人。 	「只是人在那裡」的人。
人罪	人財
「薪水小偷」以及給同事帶來不良影響的人。	能夠出色地完成業務，並給同事帶來良好影響的人。

改變想法，就會改變結果

　　我的工作就是透過習慣養成訓練，協助各種企業「培養自立型的人才」，因此常有經營者問我：「人才很難培養，到底該怎麼做？」我來反問各位。在各位的公司，可有定義什麼狀態的人是「培養好的人才」嗎？「培養好的人才」到底是什麼樣子？「有幹勁的人」到底是什麼樣子？恐怕很少有公司定義得很明確吧？

　　我所定義的**「培養好的人才」**，指的是**「不論在什麼環境、什麼狀態下，都能夠開出一條路，能夠為達成目的而不斷思考並展開行動的人」**。換句話說，必須養成「改變做法和想法，就會改變結果」的思考習慣及行為習慣。

POINT 每一位職員，都應該成為能夠出色地完成業務，並給同事帶來良好影響的「人財」。

79 成熟大人都具備：
自立的心態

▶ 無論條件如何，做該做的事

前面稍微提到「自立型人才」，與之相對的是「依賴型人才」。「依賴型人才」的想法是：「人生依所處環境及條件而不同」。基本上，自立型人才的想法是：「人不受所處環境和情況的影響」。

那麼，依賴型人才受到什麼影響呢？答案是「他們受到自己的固有觀念所影響」，或者「他們受到自己的習慣所影響」。因此，**要成為自立型人才，就要培養「改變想法，就能改變結果」的思考習慣和行為習慣。**

▶ 提升自己有 3 個重點

要成為「自立型人才」，需要養成怎樣的思考習慣呢？或許有些人覺得很複雜，但其實只有三個關鍵的想法。

第一個想法是「現在，能提振自己的只有自己」。你不需要考慮「誰說了什麼」或是「那個人怎麼想」。事件本身沒有意義，是你自己賦予它意義。你的幹勁取決於你想成為什麼樣的人。

成為「自立型人才」的 3 個重點

 ❶「現在，能提振自己的只有自己」的想法。

 我要成為理想中的自己！

所謂「自立」，意思是不論處在什麼樣的環境和條件中，都能最大程度地發揮能力與潛力，開拓出一條道路的態度。

❷「現在，跟所處的環境和條件一概無關」的想法。

是我要做！跟環境無關！

❸「現在，盡力做好眼前能做的事」的想法。

 我要全力以赴！把每一件事情都做好！

　　第二個想法是「現在，跟所處的環境和條件一概無關」。你目前的狀態不是因為環境和條件不佳讓你動不了，而是因為你不採取行動，才導致環境和條件不佳。環境和條件不可能一開始就處於最佳狀態。

　　第三個想法是「現在，盡力做好眼前能做的事」。「今日事今日畢」十分重要，唯有每天都百分之百全力以赴，你的能力才會提高。**世界上沒有「天生就很能幹的人」，只有「把事情做完的人」才會成為能幹的人。**

 POINT
要成為自立型人才只有 3 個重點。
每天都百分之百全力以赴，能力自然提升。

80 關鍵 ① ：自我依賴

對未來寄予期待

「自立型人才」的思考習慣有五個關鍵字，分別是「自我依賴」、「自我管理」、「自我究責」、「自我評價」、「幫助他人」。這五個關鍵字並非各自獨立，而是相互連動著。

首先，我們來思考一下「自我依賴」。

你目前是否對什麼事情有所期待？再來，你對自己本身有所期待嗎？如果對他人或環境寄予過度的期待，當結果不能如願時，你會感到不滿，這種「負面情緒」會反過來影響自己。事實上，「他人」和「環境」本來就不會如我們所願。

那麼，什麼會如我們所願呢？沒錯，答案就是「自己」。如果說我們應該期待什麼，那就是期待「自己」和「自己的未來」。

隨時思考：「我想要什麼？」

關鍵在於隨時思考：「我到底想要什麼？」換句話說，不是思考：「公司該怎麼樣？」而是思考：「我想要什麼樣的公司？」不是思考：「上司該怎麼樣？」而是思考：「我想要與下屬建立什麼

不要期待「他人」和「環境」，應該期待「自己」

「他人」和「環境」
不會如我們所願。

「自己」和「自己的未來」
會如我們所願。

為什麼他們不照
我說的去做？

這樣的職場根
本行不通……

每天持續下去，總有
一天會看到成果。

日積月累，打造
未來的自己！

樣的人際關係？」不是思考：「職場該怎麼樣？」而是思考：「我想要什麼樣的職場？」像這樣，用「我自己想要什麼」的角度來思考所有事情，我稱這種思考方式為「自我依賴」。

人生只有一次。**為了擁有充實的人生，我們必須養成隨時思考「自己想要什麼」的習慣。**以「自己想要什麼」為中心來思考，才能確定自己的下一步行動，並透過自己的行動來改變許多事情。

這絕不是難事，只要一直問自己「我到底想要什麼？」就可以了。不斷不斷地問自己，大腦就會自動想出解決對策。

應該期待的是「自己」和「自己的未來」。
隨時思考：「我到底想要什麼？」

81 關鍵②：自我管理

▶ 絕不要漫不經心地生活

接著，讓我們來思考一下「自我管理」。「自我管理」是你充分發揮潛力的重要關鍵。如果我們漫不經心地生活，就會不知不覺地依賴環境和他人，因此，**為避免流於漫不經心，我們必須建立「自我軸心」**。

「自我軸心」意味著「不放任自己」。也就是說，**你應該自己選擇要使用的「話語」、「表情」、「動作」等**。在這種時候，「要做什麼表情」、「要說什麼話」、「要做什麼行動」等，都要事先決定好。

請記住，不要心不在焉地做事、不要漫不經心地生活。心不在焉的話，今天的你跟昨天的你就沒兩樣，但你不應該這樣，應該成為「理想中的自己」。不要每天漫不經心，應該下定決心「成為理想中的自己」、「成為讓自己驕傲的自己」、「成為了不起的自己」，好好用心生活。

想成為怎麼樣的自己，完全由你決定，因此，請放膽去試試看吧。即便只是一個遣辭用字都要用心去做，表情和行動當然也是。**自立型的態度，就是「絕不漫不經心的態度」**。

做好「自我管理」以免流於漫不經心

漫不經心地過日子……

就算做了也沒意思，算了吧！

漫不經心地過日子，不知不覺就會好逸惡勞，結果，「安逸」就變成目標了。

做好「自我管理」……

每天學習 30 分鐘來打造未來的自己！

設定自己的原則，並且孜孜不倦地持續下去，就能一天天接近「理想中的自己」。

我們要是漫不經心地過日子，就會不知不覺地依賴「環境」和「他人」。為了避免如此，一定要「在心中建立自己的軸心」。

設定原則，做好自我管理

換句話說，你應該決定「我要成為這樣的人」，擁有「目標」和「夢想」。為什麼？因為如果沒有目標和夢想，我們就會好逸惡勞，結果，「安逸」就變成目標了。

我當初創立公司，發展還不是很順利時，就設定自己的原則，並且一個一個付諸行動。我除了認真親近積極正向的經營者和努力追夢的人，還會在名片背面寫下自己的原則，廣發給遇到的人。

總之，**設定自己的原則，孜孜不倦地持續下去。不斷下工夫去改變自己的習慣，就是真正的「自我管理」。**

POINT

建立「自我軸心」以免流於漫不經心。
持續努力地改變自己的習慣。

82 關鍵③：自我究責

▶ 養成從自己身上找原因的習慣

接著，讓我們來思考一下「自我究責」。所謂「自我究責」，即無論處於什麼情況下，都先「認為真正的原因出在自己身上」。

責怪他人或環境，無法解決任何問題。在出現目前的結果之前，只要你「願意去做」，應該有很多可以做的事情才對。

像這樣，從自己的身上找出原因，我將這種思考習慣稱為「自我究責」。換句話說，應該養成這樣的思考習慣：把願意去做就能夠做到的事情，當成「搞不好就是因為我沒去做才會這樣」。

例如，不是責怪「他怎麼聽不懂我的意思」，而是認為「是我沒有充分準備好，以致對方不了解我的意思」；不是抱怨「客人不買商品」，而是認為「是我沒有下足工夫、付出足夠的努力，做出能夠讓客人開心、感動的商品」等，**不怪罪他人和環境，而是從自己身上找原因。**

▶ 找到原因，就會找到下一個「上場機會」

無論在什麼情況下，都要找出「只要我願意，應該就做得到的

凡事都先用「自我究責」來思考

我這麼努力做出來的資料，部長竟然不接受，真是太沒道理了！

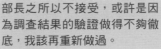
部長之所以不接受，或許是因為調查結果的驗證做得不夠徹底，我該再重新做過。

就算情況對你不公平，也先試著思考：「會不會原因是出在自己身上？」

事」。換句話說，是為了找出自己「上場的機會」，而從自己身上找原因。

　　原因可以自己給，因為原因本來就是按照自己的需要製造出來的。例如，你和客戶約見面，但你遲到了，就算你解釋「是因為山手線延遲了」，依然不會改變你讓對方等你的事實。但其實你可以預料電車可能延遲而提早出發的。因為你**認為「或許原因出在自己身上」，就會思考下次該怎麼做，才能避免突發狀況。**

　　人生有各式各樣的狀況都在考驗我們的做人能力。要鍛鍊做人能力，就要養成凡事不怪罪別人，先從自己身上找原因的習慣。從自己身上找原因，就會找到「上場機會」。

POINT
找出「只要願意就做得到的事」，養成「自我究責」的思考習慣，就會找到「上場機會」。

83 關鍵④：自我評價

察覺到自己的不足

接著，讓我們來思考一下「自我評價」。所謂「自我評價」，指的是一種「追求卓越，全力以赴」的態度。

舉例來說，棒球選手鈴木一朗在實現一個又一個的目標後，依然在採訪時說道：「我還有很多很多的課題要克服」，並且持續挑戰直到退休。

我舉鈴木一朗為例，你可能會說：「搬出這麼厲害的人當例子，能參考嗎？」但其實這個概念很簡單，就是：「**不受他人評價左右，無論何時都察覺到自己的不足，持續進行挑戰。**」世上公認「很厲害」的人，他們真正的厲害之處在於，他們不認為自己「很厲害」，反而覺得自己還有許多「不足之處」。

這種「自我評價」會讓人保持「追求卓越，全力以赴」的態度。

永遠都會有新的課題

我因為工作的關係，經常有機會聽到現任經營者的故事，其中

持續成長的人具備這些條件

常常覺得「我還有許多不足之處」的人……

還有很多應該學習、應該做的事情。

自認「我很厲害」的人……

大家都說我「很厲害」，所以我保持這樣就行了。

自認「我很厲害」的人，不可能成為「真正厲害的人」。只有自認「我還有許多不足之處」，並且追求卓越、全力以赴的人，才會成為「真正厲害的人」。

一些經營者擁有令人印象深刻的成就，如「從破產邊緣到東山再起」或「進行組織改革並獲得成功」，當我請求他們分享「化總裁的不可能為可能的經驗談」時，幾乎所有人都說：「我並沒有特別做什麼化不可能為可能的事」，或者「其實我沒有做什麼，還有很長的路要走」。

認為自己「有許多不足之處」的人都成長神速，因為他們總認為：「我還有很多很多的課題要克服」，並且持續學習和挑戰。當然，越是給自己設定許多「課題」的人，越有莫大的潛力。

另一方面，自認「很厲害」的人會認定「我沒有什麼新課題了」，而不再學習和努力，自然不可能繼續成長。

POINT

會成長的人都自認「我還有許多不足之處」，並且持續挑戰下去。

84 關鍵⑤：幫助他人

🖱 對別人做的事，都會回報到自己身上

接著，讓我們來思考五個關鍵字的最後一個主題：「幫助他人」。即使現在，我依然在跟許多老師學習，但到最後，大家似乎都會得出一個結論：「人際關係只有一條法則」。這條法則就是：**「自己對別人做的事，必會回報到自己身上。」**簡單來說就是「因果報應」。

「對方不理解我」，是因為「我並不理解對方」。「身邊的人不幫助我」，則是因為「我並未幫助身邊的人」。如果你現在覺得「我很孤獨」，也許是因為你在過去的生活中，並未真正關心過別人。

🖱 與人連結，就能共享勇氣

對那些說「我很孤獨」的人，我都會這樣建議：**「每天都想一想別人，試著為他們做一些自己能夠做的事情。」**即使每天只花五分鐘、十分鐘都好，只要持續進行這個習慣，就會交到很多朋友和同伴。關心別人的人，自然會吸引其他關心他們的人，因為自己對

試著為別人做一些自己能夠做的事情

為了同事每天
早上擦桌子。

為了家人每天
打掃廁所。

為了社區而每
天撿拾垃圾。

為了同事而每天
早上打招呼。

為了家人而每
天擦鞋子。

能夠「為了別人」而做事的人，自然會吸引那些擁有
「自己所沒有的東西」的人過來。能夠吸引擁有「自
己所沒有的東西」的人，最後就會變成什麼都會的
人。比起「Know-how」，更重要的是「Know-who」。

別人做的事，必會回報到自己身上。

　　單獨一個人要實現某件事是很困難的。為什麼？因為只有自己一個人的話，很難找到工作的意義，獲得成就感。但與周圍的人一起實現某件事就很容易。為什麼？因為可以共享我們在「人生經營」上不可或缺的一項資源——「勇氣」。

　　只要有勇氣，人們就可以做任何事情。那些聲稱「出了問題，害我無法前進」的人，其實只是欠缺挑戰問題的勇氣罷了。為什麼？因為有勇氣就不會把問題當問題看，而是當成一種「樂趣」。透過人與人之間的連結，我們可以克服任何問題，這是因為我們可以共享勇氣。

自己對別人做的事，必會回報到自己身上。
單獨一個人要實現某件事是很困難的。

85 榮光都是乍現，不執著才能持續精進

沒有「走不下去」的狀況

　　我將自立型人才定義為「能夠透過自己的行動改變一切的人才」。漫不經心地過日子，不思考「目的」、「目標」或「理想中的自己」，這樣的人會依賴自己已經擁有的東西，例如所處的環境和條件等，這是因為這樣更輕鬆。而陷入「依賴型」的原因還有一個，就是他們執著於過去的做法和成功案例。

　　面對工作和課題，聲稱「無法解決」的人，通常只會去看過去的「做法」；而那些相信「總有辦法」、「一定可以解決」的人，通常會去尋找新的做法，而且肯定找得到，因為他們會不死心地「持續找下去」。

　　事實上，「走不下去」的情況並不存在。只有執著於過去「做法」的人才會「走不下去」。換句話說，**我們不是受到環境或狀況的影響，而是受到自己的思考習慣所影響。**

自我激勵，就能更加篤定

　　我們總是不自覺地對自己說了各式各樣的話，而這些話有可能

堅定地使用「斷定的語氣」或「現在進行式」

模稜兩可的話	用「斷定的語氣」或「現在進行式」

要是做得到就好了……

我一定做得到！　我做得很好！

說些「但願」之類模稜兩可的話，會產生「搞不好做不到」的印象，也就無法堅持到底了。

堅定地使用「斷定的語氣」或「現在進行式」，會讓大腦產生好印象，也就能夠自我激勵了！

意志強烈也好，薄弱也好，在商務場合，該做的事情就只能去做。請提高自我激勵的能力吧！

讓大腦產生好印象或壞印象。例如，我們對自己說「可能不會順利」，跟對自己說「肯定會很順利」，哪一種能讓大腦產生好印象？應該顯而易見吧。

　　因此，不論遇到什麼狀況，都要堅定地對自己說些能讓大腦冷靜下來的話，而且這些話一定要是「斷定的語氣」或是「現在進行式」。如果說些模稜兩可的話，例如：「要是能夠這樣就好了」，會產生「可能無法實現」的印象，也就無法堅持到底。

　　請多留意自己平時說的話，來提高自我激勵的能力，並且客觀地欣賞挑戰工作的自己。

 POINT 人會受到自己的「思考習慣」所影響。
提高自我激勵的能力。

86 你的氣場，會左右他人的觀感

自我形象，是由內而外的改變力量

要成為自立型人才，「自我形象」也很重要。我們的大腦會實現我們對自己所抱持的形象，無論這個形象是好是壞。因此，**我們的行為和舉止，取決於「我們對自己抱持什麼樣的形象」**。

那些被周遭公認「很能幹」的人，都是自己建立出「很能幹」的形象；而那些被公認是「大小姐」的人，都是自己建立出「大小姐」的形象。

此外，「自己」是很難改變的，但大腦中的形象可以輕易改變。換句話說，**如果不改變自我形象，你就無法改變自己**。因此，如果你想「再多成長一點」、「在銷售方面取得好成果」或「提高動力」，就要提升自我形象，開始養成一步步接近該形象的習慣。

自我形象也會表現在服裝儀容上

自我形象也會表現在服裝儀容上。因此，你必須隨時注意外表，並養成這種好習慣。

良好的服裝儀容不一定要「穿名牌」。你必須想像：「穿這件

意識到「自己看起來如何？」時的 8 個重點

❺隨時意識到「我看起來
如何？」

❼隨時意識到「我讓別人
看到什麼？」

❶服裝

❸表情

❷姿勢

❹動作

❻隨時意識到「別人怎麼
看我？」

❽隨時意識到「我如何吸
引別人？」

當然，保持整潔是服裝儀容的最低條件。還必須在這個最
低條件上，意識到「別人是怎麼看我的？」

衣服會產生什麼印象？」「穿這件衣服會給人什麼感覺？」然後在
服裝儀容上下工夫。我建議的方法是，想像五年後或十年後「希望
自己變成什麼樣子？」然後根據那個「理想中的自己」，來選擇服
裝穿搭。

另外，「服裝儀容」也包括表情、姿態和動作等。不妨偶爾照
照鏡子，如果覺得自己氣色不好、表情沮喪，就提醒自己多展露笑
容吧。

 POINT

請先提升自我形象。
必須多注意服裝儀容。

87 真心想做的事，沒有不能做的理由

停止尋找正確答案

　　自立型人才注重「目標」，而依賴型人才注重「環境」和「做法」。因此，依賴型的人通常很快就覺得到達極限了。

　　請回顧一下你的人生。你應該會發現，並沒有一個足以肯定地說「只要做這個，一切就會很順利」或「只要做這個，肯定會大賣」的方法或手段。如果有絕對萬能、適用所有情況的方法，那麼人類社會將變得乏味無趣，因為每個人都可以輕鬆獲得成功，不需要再思考了。

　　讓我們停止「尋找正確答案」吧。事實上，**「沒有正確答案」和「不知道該怎麼辦」是正常的**，而且是有趣的。為什麼？因為這樣每個人就都有機會了。

找出「從現在起」可以做的事

　　首先，放棄「做得到、做不到」的想法吧。如果你一直去想到底做不做得到，那麼「新事物」或「以前沒做過的事」全都會變成做不到的事。因此，你應該想的是「想做？不想做？」

不要去想「做得到、做不到」、「如果○○就好了」

用「做得到、做不到」來思考

又沒做過……

沒聽說有人做
成功過……

用「做得到、做不到」來思考，
新事物就會全部變成「做不到」
的事。

用「如果○○就好了」來思考

如果有預算就
好了……

如果有時間就
好了……

用「如果○○就好了」來思
考，就會找到一個個「做不
到的理由」而無法接受挑戰。

大腦會忠實地回應你所說的話。應使用「從現在起～」來
打造「不斷尋找可以做的事情的大腦」。

此外，也不要去想「如果有○○就好了」、「如果能○○就好了」。偶爾會聽人說：「如果我有足夠的錢，就可以做這個事業了。」但我會想：「這個人恐怕做不了這個事業。」因為即使金錢問題得以解決，這個人依然會找到不能做的理由，例如：「廣告宣傳費用不夠」、「缺乏專業知識」或「信譽不足」等等。

那麼應該怎麼辦？應該思考利用現有資金辦得到的其他「做法」，也就是「『從現在起』這樣做」、「『從明天起』那樣做」。**思考新事物時，應該使用「從現在起」這個詞語開始。**

不要用「做得到？做不到？」來決定，而是用「想做？不想做？」來決定。**如果「想做」，那就不要去找條件，而是去找「從現在起可以做的事情」，然後嘗試去做。**

POINT

要注重的是目標，而不是環境和做法。
找出從現在起可以做的事情，然後嘗試去做。

88 想太多，就無法跨出第一步

「面對課題馬上行動」的思考模式

如果一味考慮「怎麼做才正確？」你可能會猶豫不決，甚至無法邁出第一步。如果一直追求「正確答案」，就無法真正面對自己，於是開始尋找「做不到的理由」，甚至開始合理化「不敢邁出第一步的自己」。

無需考慮「哪個行動才正確」。**應該建立一種思考習慣，不要思考「什麼是正確的？什麼是不正確的？」而是思考「我們是在追求什麼？」**朝著追求的標的（目的、目標、理想）前進，做一切「現在自己可以做的事情」即可。

凡事先採取行動，事後你自然會知道，這樣做讓事情獲得良好的發展。最重要的就是「面對課題馬上行動」的思考模式和行為模式。

做所有可能做得到的事

世界上沒有在做之前就知道的「妙點子」，但是有無限多的「可以做的事情」、「做得到的事情」，你可以從中選擇最佳方

用「追求什麼？」來思考

用「什麼才是正確答案？」
來思考

我絕對不要失敗！
必須找出正確答案才行！

用「追求什麼？」來思考

為了實現目標，我要
先實踐這個點子！

不用「什麼是正確的？什麼是不正確的？」來思考，而是
用「追求什麼？」來思考，並採取「面對課題馬上行動」
的思考模式和行為模式。

法。你想出越多的點子，就越容易找到「最佳方法」。**點子和行動都可以由數量來提升質量。**換句話說，失敗越多，找到不失敗方法的可能性就越高。

不過，在開始行動之前一直尋找「妙點子」毫無意義。一開始就在找「正確答案」而不採取行動，是永遠找不到的。

真正的「妙點子」是在行動後才會知道：「原來那就是妙點子啊！」同樣地，「做得到的原因」只有在「做到後」才會知道。因此，重要的是**採取這種態度：「做所有可能做到的事。」**

POINT

不以「正確答案」，而以「追求的目標」為基準。
點子和行動都可以由數量來提升質量。

「反正……」，
容易使人進入負面思考

心理上的門檻會阻礙現實行動

不要再使用「反正……」了。因為「反正……」兩字很麻煩，會讓你的大腦進入負面思考。

「這樣的工作『反正』都是白做的。」

「『反正』我是做不到的。」

「這個目標『反正』無法達成。」

當你心中有這樣的否定思維時，它將成為心理上的阻礙，使你無法認真努力。不只工作如此。

請將「反正……」視為折損每個人能力的「惡魔咒語」。說出「反正……」後，任何美好的可能性都無法實現。如果你想使用「反正……」，請務必換成其他詞彙。

而且，**如果你不小心用了「反正……」，請馬上再補一句「等等喔……」、「也許……」**。這樣一來，你的大腦就會聽從你的話，做出「也許可以……」、「哦，說不定能成功」的正向思維。

把每天都當成
「新的開始」

據說，在接近死亡時回顧一生，

很多人都會有「如果我能做更多的挑戰就好了」的想法。

但是，人們不論幾歲，都可以勇於挑戰，改變人生的，

因為「今天」這一天，對每個人來說，

都是「剩下的生命中最年輕的一天」。

89 想像力，會帶給你超能力

「因為是我，所以一定做得到」

「想像」不需要崇高的地位或大筆金錢，也不受社會約束。你如何想像你的未來，完全是你的自由。因此，想成「反正我做不到」或「我這樣的人不可能」是你的自由；想成「我要有閃亮的人生」或「我一定做得到」也是你的自由。不論哪一種想法，都只取決於你「怎麼想」，不受當前環境或情況的約束。

既然如此，請務必想像「想做的事情」、「想嘗試的挑戰」和「理想中的自己」，並且相信：「因為是我，所以一定做得到」。你的人生不是「誰的錯」。**如果有任何阻礙你去「想像」的東西，那就是你自己的「消極想法」**。為了實現「理想中的自己」，請現在馬上去做你可以做的事情。

人生的格局，取決於願景大小

透過「想像力」，我們可以到任何地方。但是，**超出你「理想中的自己」範圍的現實，不可能出現在你的人生中**。我們的人生，取決於未來願景的大小。因此，目前的你，應該不出過去的你所想

超出你「理想中的自己」範圍的現實，不可能出現

我真的能在這家公司做下去嗎？

我想成為全世界跑透透的商務人士！

如何想像自己的未來是你的自由。請將你想做的事、想嘗試的挑戰，想成「因為是我，所以一定做得到！」勇於追求理想中的自己吧！

像的願景範圍內。換句話說，**此時此刻的你是你自己創造出來的，不是別人的錯。**

　　想像力無限大，不要自己設限。請自由地、滿懷興奮地，想像未來的自己吧。

　　我曾經讀過前職棒選手落合博滿的書，書中寫到：「志向低下的人，只能取得比志向更低的成就。」我非常同意這個觀點。

　　工作和人生也是如此。我們不可能成為超出想像的自己。因此，請明確地想像「理想中的自己」！因為，我們只能成為自己想成為的自己。

POINT

如何想像未來的自己，完全是你的自由。
人生取決於「未來願景」的大小。

207

90 就算被他人否定，都不要畫地自限

只要相信，一定就能抵達

為了成為「理想中的自己」，你設定了什麼樣的目標呢？設定目標時，大多數人會根據自己目前的實力和所處的環境，設定可以實現的目標。但是，這個「可以實現的目標」，是否真的等同於你所渴望的「理想中的自己」呢？

不要在乎周圍的人怎麼說。即便周圍的人都說「不可能」，也不必放在心上。即便在別人眼中是「不可能的任務」，你也只要專心挑戰自己想成為的那個人，或是想達到的位置即可。

如果你自己都覺得無法達到那個位置，就永遠無法到達。但如果你相信自己可以達到那個位置，並且保持挑戰的激情，終將能到達目的地。

你是否清楚自己的「目的地」、「想要到達的位置」？目標可以設定得很崇高。目標越高，挑戰就越有樂趣。環境、情況、發生的現象等，人人看來都一樣，但採取什麼態度來詮釋和應對，則取決於你自己。

目標的高度，會改變裝備和努力的程度

爬住家附近的小山

攀登需要高度攀登技巧的峭壁

穿平常的便服和運動鞋就夠了吧。

必須準備繩索、岩釘，三天份的食物和飲水……

> 爬山的裝備、準備和努力，會隨著「爬哪一座山？」「爬什麼樣的山？」而不同。同樣地，戰略和戰術也會隨目標的高度而改變。請設定會讓人躍躍欲試的崇高目標吧。

困惑越多，成長就越快

　　你的目的地在哪裡？你希望成為什麼樣的人？從事什麼樣的工作？以及希望在多少歲之前實現什麼事情呢？

　　擁有「明確的目的地」相當重要，為什麼？因為只要目的地很明確，前往目的地的「道路」和「手段」就會具體且清晰可見。即使是採取一種工作方式，你也要先考慮哪種「道路和手段」最適合你。思考到達目的地的道路和手段，然後困惑，嘗試。再次思考，困惑，嘗試。困惑得越多，你的成長就越快。

POINT

目標越高，挑戰越有樂趣。
目的地越明確，
前進的道路和手段也就越清晰可見。

91 動起來，夢想才能著地

首先要思考：接下來該怎麼做？

　　無論你把夢想描繪得多麼精彩、多麼振奮人心，如果不採取行動，一切都不會開始。為了實現夢想，必須將它化為可執行的作業，才能展開行動。而這個作業，就是你目前能夠做的事。

　　例如，如果你的夢想是「創立一家公司，並發展成股票上市企業」，現在你能做的事情，就是將商業點子具體化，或者努力工作以累積公司內外部的信任度，擴展人脈。

　　為了實現夢想，你必須思考「那麼我要做什麼？」和「接下來該如何做？」然後開始執行。你必須踏踏實實地完成許多作業。

　　如果你總是說「現在不是時候」或者「還得等待時機」，那麼夢想永遠不會實現。夢想越大，與現實之間的差距也越大。因此，除非你將夢想化為目前可執行的行動，否則不會有任何進展。

列下行動步驟，一一實現

　　你明天的行程表中，是否寫下了實現夢想所需要的「作業」？再微不足道的事情都沒關係，請在你每天的行程表上寫下「朝夢

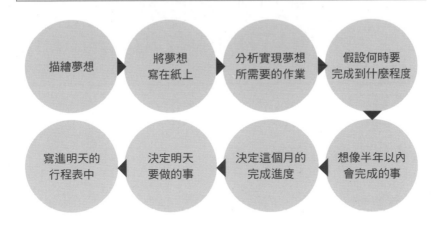

寫出實現夢想的路徑圖

描繪夢想 → 將夢想寫在紙上 → 分析實現夢想所需要的作業 → 假設何時要完成到什麼程度

寫進明天的行程表中 ← 決定明天要做的事 ← 決定這個月的完成進度 ← 想像半年以內會完成的事

想前進的作業」，執行後，就用紅筆畫上刪除線。隨著紅線的增加，可以看出你目前做完的事情，也就能跟自己說：「朝下一步邁進！」而提升動力！

（1）描繪夢想→將夢想寫在紙上（也可以貼上照片）→進行分析。

（2）假設何時要完成到什麼程度→想像半年以內會完成的事→決定這個月的完成進度。

做完（1）和（2），就能決定明天要做的事，然後寫進明天的行程表中，去做，做完再畫線刪掉。重複這套過程，就能引導你走向實現夢想的道路。

POINT

**將實現夢想所需的「作業」，
化為現在可以立即展開的行動。**

92 與新的人事物相遇，才會打破既有框架

▸ 拓展「內心的新領域」

在節奏快速的現代社會，我們需要「速度和變化」來拓展內心的新領域。

我們的大腦會根據迄今為止的生活資料來做決策，這表示不論多麼積極正向的人，都會不自覺地活在過去的延長線上。於是，成功體驗多的人，就會活在過去的成功體驗中；失敗經驗多的人，就會活在過去的失敗經驗中。

那麼，要拓展目前沒有的「內心的新領域」，應該怎麼做呢？答案是：「與新的人、新的書相遇。」

▸ 有時也要享受不穩定

話雖如此，僅僅相遇是不夠的，必須從新的相遇中學習、接受刺激，然後付諸實踐。**與過去記憶資料中不存在的人或知識相遇，會在不知不覺中打破你心中的「框架」，顛覆你的固有觀念。**

因此，請你今天也透過相遇和學習，不斷擴展新的自我領域吧。透過相遇的質和數、自己消化後再輸出的質和量，你的人生將

今天不是昨天的重複

成功體驗	失敗體驗
只要重複之前成功過的做法就沒問題了！	之前就失敗過了，應該還是不行吧。

今天，並不是「昨天的重複」。與新的人、新的知識相遇，過著每天都很刺激的生活，就能一步一步不斷成長。

會發生巨大的變化。

此外，**不要一味追求穩定，有時也要享受不穩定**。當然，經濟穩定對於挑戰「更新的可能性」是必要的，但絕不是為了過上「沒有變化的人生」。

世界的一切都在隨著時間的推移而變化，沒有一樣東西可以永遠保持「相同狀態」。我們每一個人都活在不斷變化的無常之中。

讓我們每天都過上充滿刺激的生活吧。對我來說，刺激就是更多的相遇。與某人相遇，一起做了什麼，感受到什麼，回報了什麼，以及傳遞給下一步什麼。透過這一套重複過程，我認為自己每天都在不斷成長。

POINT 為了開拓內心的新領域，就要與新的人相遇，學習，然後付諸實踐。

93 配合目的調整做法，而不是顛倒過來

❧ 沒有人靠同樣的方法獲得成功

　　我將「不斷挑戰，採取積極正向的思考態度」作為我的個人原則。不過，我不認為這個原則或本書傳達的一切都是「正確」的。本書是以「我個人如此認為」的角度來編寫，最終，我希望你能根據自己的情況進行調整。

　　我從三十五歲開始從事人才培訓和社會人士教育工作，見過許多公認的「成功人士」，透過與他們接觸的經驗，我得出的結論是：**「沒有人靠同樣方法獲得成功。」**

　　無論哪位成功人士，都是從學習基礎知識及模仿開始的，但一段時間後，他們會問自己：「為了什麼？」「為了誰？」最後用自己的方式決勝負，並取得成就。因此，**每個人的「做法」都不同，很難知道成功的原因**。換句話說，與別人「不同」是很正常的。

❧ 限制越嚴苛，成長空間越大

　　例如，汽車製造技術人員會開發當時最先進的技術，並將其推進市場。這時有人告訴他們：「請以目前一半的成本實現兩倍的效

產生「自己的做法」的過程

 ❶ 先學習基本知識，加以實踐。

 ❷ 在實踐過程中，導入「為了什麼？」「為了誰？」等自己的想法。

 ❸ 不斷實踐，並在錯誤中學習，最後找到「自己的做法」。

> 就算有前人做出成果的「正確答案」，那個答案也很快就過時了。要做出成果，只有不斷實踐並在錯誤中學習，進而找到全新的「自己的做法」。

果。」於是，技術人員一生都在致力這件事情。在「沒有開發不出來的技術」這個前提下，他們將不斷挑戰。在「沒有改善不了的工作」這個大前提下，技術人員處在「今日是世界第一，明日就不會是世界第一了」的世界。

世上有許多「如果沒有這個，那個就無法實現」的限制條件。但是，這只是固守於「做法」罷了。**我們應該堅守的是「目的」而不是「做法」。堅守「目的」，配合「目的」而調整做法，就會找到前所未有的「做法」。**而且，限制條件越嚴格，你的成長也會越大。因為，限制條件＝成長條件。

 POINT　沒有人靠同樣方法獲得成功。
堅守目的，配合目的而調整做法。

94 建立「自我軸心」，創造屬於自己的價值

每一項工作都該重視

生活若只想「依賴某些好方法」，肯定無法順順利利。為什麼？因為根本沒有普及任何人且一體適用的「好方法」。的確，如果鍥而不捨地尋找「好方法」，可能會找到一些看似高效的方法。但是，如果你不能為他人提供某些價值，而是一味當伸手牌，向外部或他人尋求協助，生活終將不會改變。因此，唯有一件事是你每天保持意識就能做到的，那就是：「重視每一項工作。」

也許有些人會覺得太平凡了：「就這件事？」但我堅信，只要下定決心並且貫徹「重視每一次的相遇」，生活將如你所願。

在工作中，你會遇到不同的人，開始不同的事情，抱持不同的夢想，即使你沒特別注意，依然有各式各樣的事情發生。然後，人生處處碰壁，人生問題重重。因此，請**先決定好：「我要怎麼過生活？」**

先決定好自己的原則

凡事只要做好準備就不會動搖。同樣地，無論發生什麼事，只

重視每一項工作

這些是「工作的原則」範例。請你也思考一下屬於自己的「原則」吧。

有強烈的
責任感

創造屬於
自己的價值

不斷進行挑戰

用正向思考、一切都有可能的
思考方式來面對工作

不斷精進，
力求更快、更正確

在工作上，最重要的就是「累積信任度」。此外，為了讓別人對自己產生期待：「那個人的話，能為我做些什麼？」你應該要創造出屬於自己的價值。

要事先決定好「我要怎麼過生活？」就不會不知所措。

事先決定好「我要怎麼過生活？」就不會害怕，而這就是所謂的「自我軸心」。我常常告訴我的學生：「你的原則就像是你穿在身上的衣服。」也就是說，不論好壞，你就是那個決定和創造自己的人。

何不試著制定一些自己的原則呢？然後，努力活出這些原則吧。

POINT

事先決定好「我要怎麼過生活？」
自己就是決定和創造自己的人。

95 只要想做，就有「做得到」的理由

🖱 80 歲以上的人，有七成都曾後悔

美國曾經進行一項針對八十歲以上老人的調查，問了這樣一個問題：「你人生中最後悔的事情是什麼？」結果發現，超過百分之七十的人都給出了相同的答案。他們的回答是：**「沒有勇於挑戰」**。

我自己也會在回顧前一年時，產生「我當時應該可以做得更好」、「我要是有先做就好了」的感覺。

年輕時，我也曾有過「活著沒什麼意義」、「反正我啊⋯⋯」、「就我孤孤單單一個人啊」的想法，即便好不容易找到工作，態度也是極不真誠，老覺得：「再怎麼認真工作也沒用」。現在想起來，覺得那時的自己「真是太糟糕了」！

不過，在我與一些人相遇，與一些學習和實踐方法相遇後，我變得想要「重新開始」。話雖如此，後來的道路並非一帆風順。

成立公司後，我仍有好幾次陷入「該怎麼支付帳單？」「下個月就撐不下去了吧？」的困境，但每次都能有「再試一次」、「還有很長的路要走」、「只要撐過這次就好了」的想法，繼續挑戰下去。

「心想事成」的思考模式

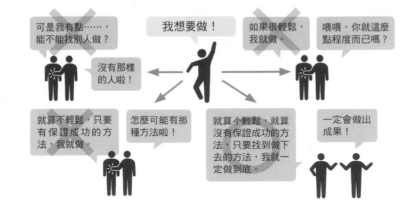

勇氣，會從腳下湧現

「想像＝結果」。因此，如果你覺得「我不想做」，就會找到不想做的理由，即便心不甘情不願地做，結果也會很差。反之，**如果你覺得「我想做」，你就會找到做得到的理由，只要勇於嘗試就會做到、做好。**

每個人終將面對死亡。如今的我，已下定決心過這樣的生活：即便明天我就死了，我也能說：「我沒有任何後悔」。

我的人生，從開始投資勇氣的那一刻起，發生了巨大的變化。請你也用雙手改變自己的人生吧。你是一個「能幹的人」，只要你勇於挑戰。

POINT

人會後悔「沒有勇於挑戰」。
只要覺得「我想做」，就會找到做得到的理由。

96 5 要點投資勇氣，
改變始終來自自己

▶ 浪費時間＝浪費生命

有這樣一句話：「不覺得浪費一小時有什麼的人，表示他還沒發現生命的價值。」

如果問我們：「生命和金錢，哪個比較重要？」應該一百個人中有一百個人回答：「生命比較重要。」

錢不見會讓很多人大受打擊而沮喪，但似乎很多人對於時間的浪費不以為意。然而，**如果將「生命」視為由時間所組成，那麼就會變成：「浪費時間＝浪費生命。」**

你認為呢？

▶ 今天是「剩餘的生命中最年輕的一天」

一天有二十四小時，一週有一百六十八小時。如果漫不經心地度過，時間將飛逝如箭。但是，不用擔心！還有時間。只不過沒人知道自己還有多少時間。

有一個普遍的事實，人人皆適用。那就是，**今天是「剩餘的生命中最年輕的一天」**。因此，要時時刻刻提醒自己，如何最大化一

小時的價值。

「自己對自己的教育」最重要

時間本身不可控制，但要在這段時間內創造什麼樣的價值，你可以自己下工夫、控制，並創造出來。

順帶一提，學習有兩種方式：一種是「來自他人的教育」，另一種是「自己對自己的教育」。第二種更為重要。

自己獨處的時候，你會做什麼？你會如何教育自己？這些將決定你的人生和命運。每一天都是新的開始。請記住，今天一天的行為將影響你未來的生活，因此，繼續不斷地學習和成長吧。

一旦下定決心，就已經開始改變

經常有人找我諮詢時說：「我想要改變」。這時，我會告訴他們：「如果你自己本身能夠下決心『改變』的話，我就能夠幫助你。」

只要一點點「勇氣的投資」，就能夠改變人生。為此，請記住以下五個要點。

（1）改變人生是日常生活的小小積累。「持之以恆」本身就有意義。

（2）當你能夠習慣成自然時，請繼續挑戰下一個習慣。保持嘗試新事物的態度。

（3）如果失敗了，就設定下一個目標。不要堅持無法完成的事情。要知道自己有所不能，接受自己，認清當前的位置。

（4）絕對不可以「推卸責任」。要明白「一切源於自己」。

（5）對人要友善。養成考慮別人感受的習慣。

一旦你動念：「我想改變」、「我不行再這樣下去」、「好，我來挑戰！」你的人生就已經開始改變。而且，不論從幾歲開始，都可以改變。

「才能」是反覆練出來的

請以「今天你所經歷的一切，都是為了刺激你成長」這種積極心態，來喚醒你的才能。所謂「才能」，就是無意中不斷重複的「思考」、「感受」、「行動」模式。只要你有意地不斷重複，它終將變成可以無意中做到的能力。透過不斷反覆練習，有意去做的才能，會自然變成無意中做到的能力。

因此，「有才能」或「無才能」的說法並不正確。為什麼？因為「才能」是反覆練出來的。請想清楚你要學會哪一種才能，然後不斷反覆練習，直到你能在無意中展現這項才能為止。

POINT

重要的是「自己給自己教育」。
人不論從幾歲開始，都可以自我改變。

■參考文獻

《成功企業家養成的五十二個習慣》（『成功する社長が身につけている52の習慣』），吉井雅之 著

《最強習慣養成：3個月 X71個新觀點，打造更好的自己》（『習慣が10割』），吉井雅之 著

《超強習慣養成，輕而易舉創造人生複利效應：以最短的速度打造理想的自己，88個史上最強圖解心法！》（『人生を える！理想の自分になる！超速！習慣化メソッド見るだけノート』），吉井雅之 著

《不知不覺中，心理素質就變強了！》（『知らないうちにメンタルが強くなっている！』），吉井雅之 著

《最快速成為理想中自己的技巧大全！最佳習慣化100》（『最短最速で理想の自分になるワザ大全！習慣化ベスト100』），吉井雅之 監修

■參考網站

人生由習慣創造 吉井雅之官方部落格
https://ameblo.jp/nanimen12/

國家圖書館出版品預行編目（CIP）資料

習慣致勝：日本 No.1 習慣養成大師傳授，職場前 5% 人才都
在做的 96 件事／吉井雅之作 . -- 初版 . -- 新北市：幸福文化
出版社出版：遠足文化事業股份有限公司發行，2024.05
　面；　公分
譯自：仕事ができる人になる思考習慣
ISBN 978-626-7427-28-6（平裝）
1. CST：習慣　2. CST：思考　3. CST：生活指導
176.74　　　　　　　　　　　　　　　　　113002474

0HDC0100

習慣致勝

日本 No.1 習慣養成大師傳授，職場前 5% 人才都在做的 96 件事
仕事ができる人になる思考習慣

作　　者：吉井雅之
譯　　者：林美琪
責任編輯：林宥彤
封面設計：張天薪
內頁排版：王信中

總 編 輯：林麗文
主　　編：蕭歆儀、賴秉薇、高佩琳、林宥彤
行銷總監：祝子慧
行銷經理：林彥伶

出　　版：幸福文化／遠足文化事業股份有限公司
地　　址：231 新北市新店區民權路 108-1 號 8 樓
粉 絲 團：https://www.facebook.com/happinessbookrep/
電　　話：（02）2218-1417　傳真：（02）2218-8057

發　　行：遠足文化事業股份有限公司（讀書共和國出版集團）
地　　址：231 新北市新店區民權路 108-2 號 9 樓
電　　話：（02）2218-1417　傳真：（02）2218-1142
電　　郵：service@bookrep.com.tw
郵撥帳號：19504465
客服電話：0800-221-029
網　　址：www.bookrep.com.tw

法律顧問：華洋法律事務所 蘇文生律師
印　　製：博創印藝

初版一刷　西元 2024 年 5 月
初版三刷　西元 2024 年 8 月
定　　價：新台幣 380 元

原書製作團隊：
編集／小芝俊亮（小道舍）
插畫／本村誠
內頁設計／森田千秋（Q.design）

<SHIGOTO GA DEKIRUHITO NI NARU SHIKOU SHUUKAN >
Copyright © Masashi Yoshii 2023
First published in Japan in 2023 by DAIWA SHOBO Co., Ltd.
Traditional Chinese translation rights arranged with DAIWA SHOBO Co., Ltd.
through Keio Cultural Enterprise Co., Ltd.
Traditional Chinese edition copyright © 2024 by Happiness Cultural Publisher